コンテンツの、コンテンツによる、コンテンツのためのマーケティング

―映画・アニメ・キャラクター分析事例―

辻本法子・田口順等・野澤智行・荒木長照

大阪公立大学出版会

はじめに

　近年、企業の Web コンテンツの最適化の活動をコンテンツ・マーケティングと呼ぶことが主流となっているが、本書のタイトルに登場するコンテンツは、アニメやマンガのキャラクターや映画などの作品型のコンテンツを指しており、これにまつわるマーケティング活動が本書の主題である。また、主題へのアプローチとして「コンテンツによるマーケティング」と「コンテンツのためのマーケティング」という2つの形態を想定している。

　前者の「コンテンツによるマーケティング」は、コンテンツを利用して他の商品やサービス、地域などに対してマーケティング効果を期待した活動を意味している。例えば、アニメのキャラクターの知名度を生かして商品の広告にキャラクターやアニメを使用したり、地域振興のためにご当地キャラクターを開発したりといった活動のことである。

　後者の「コンテンツのためのマーケティング」は、読んで字のごとくコンテンツ自身のマーケティング活動を意味しており、例えば、映画広告やアニメ・キャラクターのグッズ開発や販売によって、作品やキャラクターを広く知ってもらい関心を持ってもらいコンテンツを消費して楽しんでもらうためのマーケティング活動や、効率的なコンテンツの開発を意味している。

　本書は、序章「コンテンツのマーケティング」、第1部「コンテンツの効果測定」（第1章、第2章）、第2部「コンテンツ消費における消費者行動」（第3章、第4章）の2部5章

構成である。

　序章では、日本のコンテンツ市場の概要と、本書が対象とするコンテンツの範囲について説明し、作品型コンテンツの分類を提案している。例えば、総務省のデータによると2020年のコンテンツの市場規模は11.8兆円であるが、このデータにはコンテンツの範囲を市場に流通するメディア・ソフトに限定して捉えた1次流通市場とマルチユース市場の両者が含まれている。一方、経済産業省はコンテンツの範囲をメディア・ソフトにライブやキャラクターグッズを加えて推計している。このようにコンテンツが意味する対象の定義がまちまちで、コンテンツ市場の捉え方も一定しない。そこで、本書ではコンテンツの範囲を創作性が高く、それ自体が消費の対象となる「作品型」のコンテンツに限定して議論する。

　また、作品型コンテンツを、市場における流通形態（静止型、映像型、ライブ型の3形態）と作品の社会的な階層性（正統的作品、大衆的作品の2形態）の2軸で分類する。この分類は作品の社会的な階層性軸を採用しているため、ターゲットとなる消費者層が明確になる利点がある。作品型コンテンツは、人気マンガの映画化のように同一の階層内における別の流通形態への移転が一般的であるが、近年、新たな顧客層を獲得することを目的として階層を移動する試みが見られる。そこで、静止型大衆的作品である『鬼滅の刃』と静止型正統的作品である『平家物語』を事例として取り上げ、階層を移動するマーケティング戦略について紹介している。

　第1章「広告効果の測定」では、広告効果の測定としてパ

ブリシティ効果を数値に置き換える広告換算金額の測定について、その集計方法を紹介したうえで地域活性化の視点から測定の目的について解説を行っている。パブリシティとは新聞、テレビなどのマスメディアに「報道」として広告料を支払わずに取り上げてもらうことである。ご当地キャラクターは新たな観光資源や地域ブランドの構成要素と考えられるが、その活動はパブリシティの好対象でもある。

もし、話題や注目を集めるご当地キャラクターを開発し、有料広告の代わりにパブリシティを利用したとき、その効果を金額換算できれば、支払っていたであろう広告料相当部分が節約できたことになる。その節約分が地域イベントの開催やご当地キャラクターの開発などの「費用」を上回れば、まちづくりや地域振興のための PR が効率的に実行でき、地方財政の悪化で限られた予算の中で税金を有効に活用できることになる。こういった効果を定量データ、特に金額に置き換えることで「費用」とその PR 効果が比較可能となり、さらに他の定量的な指標を組み合わせることで地域活性化の効果を明確にできることを提案している。また、筆者が実際の広告換算金額の測定作業で得た体験や計測の効率性から、比較的低コストで比較的手間がかからない測定方法を提案している。この章は「コンテンツによるマーケティング」に該当するアプローチである。

第2章「コンテンツ・デザインの統計分析」では、マーケティング・サイエンスの視点から、コンテンツのデザインの際に考慮すべき変数間の統計的な分析を行っている。デザインは芸術的な活動であり、作家性が強くその作家の個性

が強く反映される。一方、マーケティングの視点では、消費者の選好や好みを強く意識し、それに寄り添いながら製品やサービスをデザインすることが求められる。第2章は、ややもすると対立することが多いこれら2つの視点に統計学を用いて橋渡しを試みる、野心的な内容である。ここでは映画コンテンツの設計図である映画脚本評価とご当地キャラクターのデザインを例にとり、前者ではハリウッドの脚本評価システムで登場する6つの評価変数間の関係性について統計モデルを用いて可視化し、そのモデルの正当性を映画消費者の視点から検証し、システムの有用性を明らかにしている。後者では、自由にデザインされることが多いご当地キャラクターのデザインを消費者の視点から要素分解を行い、顔の形・体型・色彩・目と目の距離の4つの要素を導き出し、さらにこれらの要素とキャラクターへの選好との関係を明らかにすることで、デザインに一定の指針を与えている。この章は「コンテンツのためのマーケティング」に該当するアプローチである。

　第3章「キャラクターのマーケティング活用効果に関する研究」では、キャラクター消費者行動を探り、どんな接点を使ってどんな体験を提供すれば、いかなる活用効果を発揮するのかを検証している。まずキャラクターの定義および作品型コンテンツとの関係を整理して、2021年11月に実施した「キャラクター定量調査2021」データを用いた分析結果を紹介している。キャラクター、テレビアニメ、ネット動画・アニメ、アニメ映画、マンガ、それぞれのファン属性の違いに言及し、純粋想起による好意度ランキング上位キャラクター

を出自でタイプ分類して、性別や年齢別で支持キャラクター
のタイプが異なることを示している。キャラクター消費行
動を可視化するため、日常接点、提供体験、活用効果につい
て因子分析で集約したうえで、各変数間の因果関係について
SEM（構造方程式モデリング）を行っている。その際には
性・年齢別に加えて、好きなキャラクターの出自で調査対象
者をクラスタリングすることで、マンガ原作系やファンシー
系など、ビジネスモデル自体が異なるキャラクターのタイプ
別にどんなコミュニケーション戦略が有効なのかを示唆する
分析も試みている。この章は「コンテンツのためのマーケ
ティング」と「コンテンツによるマーケティング」の両方に
該当するアプローチである。

　第4章「インバウンド観光におけるコンテンツと観光土産」
では、ポスト・コロナのインバウンド観光における効果的な
マーケティングのために、主要ターゲットである中国人旅行
者の観光意向の影響を考慮したブランド認知のメカニズムを
解明することを目的としている。調査によって、中国人消費
者のブランド認知において、「どらやき」を主力商品とする
日本の中堅メーカーの社名「丸京」の認知度が高いケースが
認められた。「どらやき」が中国でも人気のアニメ・キャラ
クター「ドラえもん」の好物であることから、日本のアニメ
に対する関心がブランド認知に影響を及ぼしている可能性が
あることが予想される。もし、ブランド認知と観光意向の関
係が明らかになれば、旅行中や旅行前後に、旅行者の観光意
向に対応したコンタクトポイントにおけるマーケティング・
コミュニケーションが可能となる。ここでは、「自然・癒し

観光」「歴史・文化学習観光」「ポップカルチャー観光」「ご当地グルメ観光」「有名ブランド観光」の5つの因子からなる観光意向の2次因子モデルを仮定し、多母集団の平均構造分析により、中国人消費者の「どらやき」の認知と観光意向の関係を明らかにしている。この章は「コンテンツによるマーケティング」に該当するアプローチといえる。

　本書は、作品型コンテンツに関心のある研究者や学生は言うに及ばず、既存のコンテンツを利用したい人やコンテンツを開発したい人を対象に書かれている。例えば、地方自治体やNPOなどの組織および企業などで、コンテンツを使ってご当地や自組織の活動、メーカーや流通業者で製品やサービスなどのコミュニケーションを考えている人、映画やキャラクターを新たに開発しようとする人たちである。また本書は、データを用いて統計的分析を行う実証的なスタイルをとっているが、各章は独立して読むことができるので、関心の高い部分に目を通していただければ幸いである。

　2023年1月
　　　「コンテンツの、コンテンツによる、
　　　　コンテンツのためのマーケティング」著者一同

目次

序章

コンテンツのマーケティング

1. コンテンツの市場規模

　デジタルメディアの発展により、コンテンツを販売するチャネルが多様化し、映画やマンガなどのコンテンツはいつでもどこでも消費（視聴や購読）することが可能になっている。さらに消費者の地理的な制約が減少してきたため、コンテンツが生み出すキャラクターを活用するマーケットもグローバル化が進んでいる。そのため、多様化するコンテンツを消費する人々のニーズを把握し、コンテンツのマーケティング戦略を効果的に行うことが、コンテンツ産業のみならず、我が国の産業振興のための重要な課題になっている。

　情報通信政策研究所（2022）の「メディア・ソフトの制作及び流通の実態に関する調査研究報告書」によると、1つのソフトが内容の同一性を保ちつつ、二次利用以降に複数のメディアにおいて流通していくソフトのマルチユースの拡大は、コンテンツ市場に質的・量的な変化をもたらし、市場構造の複雑化・多様化を進展させている。そのため、総務省の調査ではコンテンツ市場の構造変化を踏まえ、メディア別にソフトを分類するのではなく、ソフトが最初に流通する1次

流通メディアを基準としてソフト市場を映像系ソフト市場、音声系ソフト市場、テキスト系ソフト市場の3つに分類し、コンテンツの市場規模を把握している。さらに、近年のインターネットでの大幅なコンテンツの流通の増加に対応し、パソコンや携帯電話などで流通する通信系コンテンツや通信系コンテンツがネットワーク上で展開される際に前提となるデジタル系コンテンツも推計の対象としている。この調査によると、2020年のコンテンツの市場規模は1次流通市場とマルチユース市場を合わせて約11.8兆円であった（**図1**）。なお、この調査におけるメディア・ソフトの定義は、「メディアを通じて広く人々に利用されることを目的として流通する情報ソフトであって、その流通が経済活動として行われ、市場を形成しているもの」である。

　2020年の市場規模をソフト形態別に見ると、映像系ソフ

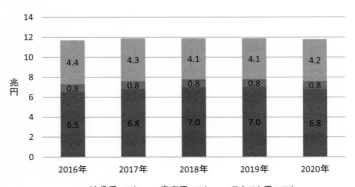

図1　コンテンツの市場規模

出典：「メディア・ソフトの制作及び流通の実態に関する調査研究報告書」19頁、総務省情報通信政策研究所（2022）より筆者作成

トが約 6 兆 8,000 億円、音声系ソフトが約 8,000 億円、テキスト系ソフトが約 4 兆 2,000 億円である。

　各市場規模の内訳は、映像系ソフトの「映画ソフト」が 7,045 億円、「ビデオソフト」が 4,096 億円、「地上テレビ番組」が 2 兆 5,904 億円、「衛星・CATV 番組」が 8,295 億円、「ゲームソフト」が 1 兆 7,199 億円、「ネットオリジナル」が 5,305 億円、音声系ソフトの「音楽ソフト」が 6,194 億円、「ラジオ番組」が 1,739 億円、「ネットオリジナル」が 84 億円、テキスト系ソフトの「新聞記事」が 1 兆 3,190 億円、「コミック」が 5,170 億円、「雑誌ソフト」7,102 億円、「書籍ソフト」が 8,410 億円、「データベース情報」が 2,913 億円、「ネットオリジナル」が 5,629 億円である（**表 1**）。映像系ソフト市場では地上テレビ番組が最も大きく、次いでゲームソフトとなっている。

　1 次流通市場よりもマルチユース市場の規模が大きいのは、映像系ソフトの「映画ソフト」（1 次流通市場が 1,433 億円に対し、マルチユース市場が 5,613 億円の約 3.9 倍の市場規模）、「ビデオソフト」（1 次流通市場が 1,494 億円に対し、マルチユース市場が 2,602 億円の約 1.7 倍の市場規模）、テキスト系ソフトの「コミック」（1 次流通市場が 765 億円に対し、マルチユース市場が 4,405 億円の約 5.8 倍の市場規模）であり、今後もマルチユース市場の拡大が見込まれる。

　ただし、この調査では、ライブコンサートの中継や DVD 化などはメディアを通じて流通することから集計対象としているが、メディアによる流通ではないライブコンサートの入場チケットの売上などは集計の対象外となっている[1]。

表1　日本のコンテンツの市場規模の内訳（2020年）[2]

単位：億円

分類項目		市場規模		
		1次流通市場	マルチユース市場	合計
映像系	映画ソフト	1,433	5,613	7,045
	ビデオソフト	1,494	2,602	4,096
	地上テレビ番組	21,038	4,866	25,904
	衛星・CATV番組	4,248	4,048	8,295
	ゲームソフト	17,199	–	17,199
	ネットオリジナル	5,305	–	5,305
	映像系ソフト合計	50,716	17,128	67,844
音声系	音楽ソフト	4,864	1,330	6,194
	ラジオ番組	1,655	84	1,739
	ネットオリジナル	84	–	84
	音声系ソフト合計	6,603	1,413	8,017
テキスト系	新聞記事	11,405	1,786	13,190
	コミック	765	4,405	5,170
	雑誌ソフト	6,123	980	7,102
	書籍ソフト	5,214	3,196	8,410
	データベース情報	2,106	807	2,913
	ネットオリジナル	5,629		5,629
	テキスト系ソフト合計	31,241	11,173	42,414
合計		88,560	29,715	118,275

出典：「メディア・ソフトの制作及び流通の実態に関する調査研究報告書」18頁、総務省情報通信政策研究所（2022）より筆者作成

　しかし、もちろんコンテンツはメディアを通じて流通しているものだけではない。経済産業省の「コンテンツの世界市場・日本市場の概観」（2020）では、コンテンツを、音楽、出版、映像、ゲーム、キャラクターの5つに分類し、キャラクターを除いたコンテンツをフィジカル・コンテンツ市場およびデジタル・コンテンツ市場に分類しコンテンツの市場規模を算出している。キャラクターについては、ライセンスビジネスのうちアニメ・マンガに由来するキャラクター商品の

みを抽出して算出している。コンテンツの内訳を見ると、総務省の集計では除外されていたライブのチケット料はフィジカル市場の音楽に分類されている（**表2**）。

　この資料によると、2018年の日本のコンテンツ市場規模は97,411百万米ドル（約13兆1,500億円／米ドル＝135円で換算）である（**図2**）。内訳は、ゲームが16,586百万米ドル（約2兆2,400億円）、映像が33,085百万米ドル（約4兆4,700億円）、出版が32,339百万米ドル（約4兆3,700億円）、

表2　コンテンツのフィジカル市場とデジタル市場 [3]

分類項目	フィジカル市場	デジタル市場
音楽	ライブ（チケット料） CD販売など 広告（ラジオ）	音楽ダウンロード 音楽ストリーミング 広告
出版	書籍 雑誌 新聞 広告	書籍（電子版） 雑誌（電子版） 新聞（電子版） 広告
映像	有料放送（月額制） 有料放送（都度課金） 受信料 映画館 DVD販売など 広告（地上波放送）	動画配信（SVOD） 動画配信（TVOD） VRビデオ 広告（動画共有サイト）
ゲーム	コンソールゲーム（パッケージ） PCゲーム（パッケージ） eスポーツ（チケット料） 広告	コンソールゲーム（ダウンロード） PCゲーム（ダウンロード） モバイルゲーム VRアプリ VRゲーム 広告
キャラクター	玩具、アクセサリー、アパレル、フットウエア、健康・美容、紙製品・文具、ギフト、家庭用電化製品、インテリア、家庭用品、食品・飲料、プロモーション、幼児用品、スポーツ、園芸用品・工具など、ゲーム（宝くじなど）、車用品、サービス、ペット用品、その他	

出典：「コンテンツの世界市場・日本市場の概観」経済産業省（2020）より筆者作成

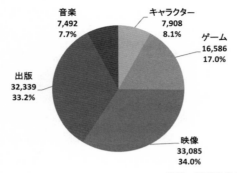

単位：百万米ドル

図2　2018年日本のコンテンツ市場[4]

出典：「コンテンツの世界市場・日本市場の概観」経済
産業省（2020）より筆者作成

音楽が7,492百万米ドル（約1兆100億円）、キャラクターが
7,908百万米ドル（約1兆700億円）である。

　このように総務省、経済産業省の資料から、コンテンツ
市場はおおよそ13兆円前後であると考えられ非常に大きな
マーケットであるといえる。

2. 本書のコンテンツの定義

　1節のコンテンツの市場規模の推計では、総務省はコンテ
ンツの範囲を市場に流通するメディア・ソフトに限定して捉
え、経済産業省はメディア・ソフトに加えライブやキャラク
ターグッズなどメディアを通じて流通していないものも合わ
せて推計している。このように、政府の省庁間においてさえ
コンテンツ市場の捉え方は固定しておらず多様である。その

理由は、「コンテンツ」が意味する対象がメディアで流通する著作物に加え、文化資産全般、さらにはレジャーやエンタテインメント産業におけるアトラクションを含む場合まであり、その定義が定まっていないためである（大場 2017）。

　山川（2004）は、コンテンツの範囲と類型を、まずコンテンツ自体が売り物なのかそうでないのか（有償情報か無償情報か）とコンテンツの創作性の程度（創作性が高いのか低いのか）で分類し、有償情報のコンテンツをさらに、それ自体が消費の対象となるもの（コンサマトリー）なのか、何かのために役立てる情報（インストゥルメンタル）なのかで分類している（**表3**）。

　山川（2004）は、無償情報で創作性が高いものは広告、創作性が低いものは公的情報と分類しているが、近年では写

表3　コンテンツの分類

	有償情報		無償情報
	コンサマトリー	インストゥルメンタル	
創作性が高い	**作品型** 映画・演劇・テレビ・ラジオの番組、小説・詩歌・エッセイ・マンガ・音楽・絵画などの美術・ゲームなど、それ自体に表現テーマや世界観を有した文化作品	**知識型** 知識体系、ハウツー、授業、講演内容、辞書、教科書、学術書の類	広告
創作性が低い	**ライブ型** ・競技エンタテインメント ・アーカイブエンタテインメント ・パフォーマンス	**データ型** ・報道 ・データベース ・情報提供	・公的情報 ・SNSなどによる私的情報

出典：『コンテンツマーケティング』7頁、新井、福田、山川（2004）を筆者修正

真・動画共有 SNS であるインスタグラム（Instagram）や動画配信 SNS であるユーチューブ（YouTube）などの SNS による個人が発信する情報の内容が消費者に利用される場合があることから、私的情報も無償情報のコンテンツとして見なすことができるとして追記している。

　有償情報はコンサマトリーで創作性が高い作品型（映画・演劇・テレビ・ラジオの番組、小説・詩歌・エッセイ・マンガ・音楽・絵画などの美術・ゲームなどそれ自体に表現テーマや世界観を有した文化作品）と、コンサマトリーで創作性が低いライブ型（スポーツの試合や囲碁将棋の対局などの競技エンタテインメント、博物館・博覧会・展覧会などの展示構成であるアーカイブエンタテインメント、演技や演奏やサーカスなどのパフォーマンスなど）、インストゥルメンタルで創作性が高い知識型（知識体系、ハウツー、授業、講演内容、辞書、教科書、学術書の類など）とインストゥルメンタルで創作性が低いデータ型（ニュース・天気予報などの報道、データベース情報など）に分類されている。

　本書では創作性が高く、それ自体が消費の対象となるコンサマトリーな作品型のコンテンツに対象を限定して論じる。作品型コンテンツの市場をさらに拡大し、よりグローバルな展開を進めるためには、コンテンツの発信者による効果的なマーケティング戦略の策定と実施後の効果測定が不可欠であり、併せてコンテンツを消費する人々の行動を把握することが重要である。本書は作品型コンテンツのマーケティングの効果測定の手法を論じるとともに、コンテンツを消費する人々の消費者行動について論じる。

3. 作品型コンテンツの分類

　作品型のコンテンツを消費することを「作品を鑑賞する」
と表現することがある。「鑑賞」とは芸術作品を理解し、味
わうことである[5]。しかし、作品に対し、理解し味わえる場
合と、理解できずに味わえない場合を読者も経験したことが
あるのではないだろうか。つまり、ある作品に対し、作品を
「理解できる者と理解できない者」が生み出されるのである
（Bourdieu 1979）。

　Bourdieu（1979）は、消費者が作品を鑑賞するといった文
化的な慣習行動や、どのような作品を鑑賞のために選択する
かという選好の傾向は、消費者の教育水準や出身階層と密接
な関係があり、それゆえ作品のジャンルにおいて社会的に公
認されたヒエラルキー（階層）が、消費者の社会的ヒエラル
キーに対応するとしている。Bourdieu（1979）は作品のヒエ
ラルキーを学校教育で教養の育成のために公認されるような
正統的作品と、そうではない大衆的作品に分類し、正統的作
品を認知しそれらの作品がそれ自体として称賛されるべきも
のであることを見抜く適性や能力と、学歴の高さに正の相関
があると述べている。

　またBourdieu（1979）は、文学や演劇における正統的作
品の形式上の探求は消費者に難解さを感じさせるが、大衆的
作品は見世物として華やかさを展開するゆえに観客の個人的
参加や、その見世物をきっかけに祭りの雰囲気がかもしださ
れることで集団的な参加を引き起こし、参加者は集団による
馬鹿騒ぎに参加する感覚が味わえ満足を得るとしている。つ

まり、学校の科目で学ぶような正統的作品は理解することが難しいと感じる消費者が多く、華やかな見世物的な要素が強い大衆的作品は理解が容易で、参加している他の消費者と一緒に熱狂することでより高い満足を得ることができるのである。

　新井（2004）は、コンテンツがこれまであまりマーケティング研究の対象として取り上げられてこられなかった背景に、コンテンツは「作品」という側面を持つため、例えば小説や映画は芸術作品であり、それらのコンテンツを生み出す小説家や映画監督は芸術家であるがゆえに、この芸術という領域に「いかに売るか」というビジネスの考え方を持ち込むのは「下世話」なことで、芸術とビジネスは相いれず、さらに「多くの人に受ける」ことは「大衆受けすること」であり、芸術性が低いという評価を受ける場合があるとしている。つまり、マーケティング戦略の目標として顧客数の最大化を設定せず、作り手の意図が十分に反映された、作品を理解できる消費者のみをターゲットとしたコンテンツ（正統的作品）とマーケティング戦略の目標として顧客数の最大化を設定し、商業的な成果を目指すコンテンツ（大衆的作品）が存在し、顧客数の最大化を目標とするコンテンツは芸術性が低いと認知される傾向にあるといえる。

　そこで、本章ではこれらの議論を踏まえ作品型コンテンツを市場における流通形態と作品の社会的な階層性の2軸で分類する。流通形態軸はテキスト、音などコンテンツ自体が視認できない音源やテキストや絵など動かない作品である静止型作品、映像や動画など視覚的に画面上での動きが確認でき

る映像型作品、演劇やコンサートなど対面で視認できるライブ型作品の3類型、階層軸は正統的作品と大衆的作品の2類型の6グループに分類している（**表4**）。

　静止型正統的作品には古典文学や純文学、正統的特性を持つ絵画や音楽などが、映像型正統的作品には、アートフィルムなど正統的な特性を持つ映画やライブ型正統的作品を映像化した作品などが、ライブ型正統的作品には、能楽や歌舞伎などの伝統芸能や演出家など作り手の意図が十分に反映される演劇、オーケストラ演奏やオペラなどが分類される。

　静止型大衆的作品には、大衆文学やマンガ、大衆的特性を持つイラストなどの絵画やポップス、ロック、ジャズ、歌謡曲などの音楽などが、映像型大衆的作品には大量の観客動員を目的としたメジャー映画やアニメ映画、テレビ、ラジオ番組、ゲーム、静止型、ライブ型大衆的作品の映像化作品などが、ライブ型大衆的作品には静止型大衆的作品や映像型大衆的作品を舞台化した演劇、作り手の意図よりも商業的な成果を重視する演劇、ポップス、ロック、ジャズ、歌謡曲などのコンサートなどが分類される。ただし、作品ジャンルにおける正統的作品か大衆的作品かの位置づけは時代ごとの文化的な価値観により変化する場合があり、個々の作品の位置づけは、作品の正統性の程度（もしくは大衆性の程度）により変動が生じる場合があると考える。

　マーケティングの基本的な目的は、市場需要つまり消費者のニーズを創造・開拓・拡大することである（和田2020）。そのため、これまでマーケティングが用いられるのは商業的な成果を目指す大衆的作品市場が中心であり、マーケティン

表4　作品型コンテンツの流通形態と作品の階層性による分類

	静止型	映像型	ライブ型
正統的作品	・古典文学 ・純文学 ・絵画（正統的特性） ・音楽（正統的特性） など	・映画（正統的特性） ・ライブ型正統的作品の映像化 など	・伝統芸能 ・演劇（正統的特性） ・オーケストラ、室内楽、オペラ など
大衆的作品	・大衆文学 ・マンガ ・絵画（大衆的特性） ・音楽（大衆的特性） など	・映画（大衆的特性） ・テレビ、ラジオ番組 ・ゲーム ・静止型、ライブ型大衆的作品の映像化 など	・演劇（大衆的特性） ・ポップス、ロック、ジャズ、歌謡曲のコンサート ・静止型、映像型大衆的作品の舞台化 など

グ戦略として例えば人気マンガの映画化や舞台化などのように１つの作品（原作）から複数のコンテンツが開発されてきた。同一の階層内で流通形態を移転すれば同質な消費者の獲得が見込めるためである。

　この分類を用いる利点は、同一の階層において静止型から映像型、映像型からライブ型などのように流通形態を移転するマーケティング戦略が明示できること、作品の社会的な階層性でコンテンツを分類することで、同時に正統的作品を嗜好する消費者層と大衆的作品を嗜好する消費者層の分類が可能になることである。

4.『鬼滅の刃』と『平家物語』に見る作品の市場開拓戦略

　本節では、3節の作品型コンテンツの分類の視点から、作品の階層を超えるマーケティングの事例を紹介する。

4.1　コンテンツの鑑賞状況

　文化庁（2020）の「文化に関する世論調査報告書」によると、コロナウイルス感染症拡大以前の2019年の作品型コンテンツの映画館、コンサート会場、劇場などでの直接の鑑賞率は「映画（アニメを除く）」が36.2％と最も高く、ついで「ポップス、ロック、ジャズ、歌謡曲、演歌、民族音楽など」鑑賞が（18.5％）、「アニメ映画、メディアアート（コン

表5　作品型コンテンツの鑑賞経験

単位：％

コンテンツ	全体 (N=3000)	18-19歳 (N=122)	20-29歳 (N=343)	30-39歳 (N=432)	40-49歳 (N=513)	50-59歳 (N=426)	60-69歳 (N=502)	70歳以上 (N=662)
映画（アニメを除く）	36.2	45.1	**53.1**	33.8	38.0	39.7	33.5	25.8
ポップス、ロック、ジャズ、歌謡曲、演歌、民族音楽など	18.5	18.9	**28.3**	19.9	22.2	18.8	16.5	10.7
アニメ映画、メディアアート（コンピュータや映像を活用したアート）など	13.9	**32.8**	28.6	19.0	19.5	9.6	6.6	3.3
オーケストラ、室内楽、オペラ、合唱、吹奏楽など	13.4	13.9	12.0	12.0	9.2	13.4	14.1	**17.8**
ミュージカル	7.9	13.1	**15.2**	6.5	6.2	8.0	8.0	5.3
現代演劇、児童演劇、人形劇	4.7	**10.7**	6.1	3.9	5.7	4.0	4.8	3.2
伝統芸能（歌舞伎、能・狂言、人形浄瑠璃、琴、三味線、尺八、雅楽、声明など）	4.7	2.5	3.5	1.6	1.6	5.4	6.0	**8.9**

太字：コンテンツの鑑賞率が最も多い年代／網かけ：コンテンツの鑑賞率が最も少ない年代

出典：「文化に関する世論調査報告書」6頁、文化庁（2020）より筆者作成

ピュータや映像を活用したアート）など」(13.9％)、「オーケストラ、室内楽、オペラ、合唱、吹奏楽など」(13.4％)、「ミュージカル」(7.9％)、「現代演劇、児童演劇、人形劇」(4.7％)、「伝統芸能（歌舞伎、能・狂言、人形浄瑠璃、琴、三味線、尺八、雅楽、声明など）」(4.7％) の順であった (**表5**)。映像型大衆的作品コンテンツに分類されるアニメ映画を含む商業映画、ライブ型大衆的作品のポップス、ロック、歌謡曲などの鑑賞率が高く、ライブ型正統的作品に分類される「演劇」と「伝統芸能」の鑑賞率が非常に低い。大衆的作品は基本的に大量の顧客動員をマーケティングの目標として設定していると考えられるため、正統的作品との鑑賞率の差が生じていると推測できる。

　年代別で比較すると「映画（アニメを除く）」を鑑賞したのは20歳から29歳が53.1％と最も高く、「ポップス、ロック、ジャズ、歌謡曲、演歌、民族音楽など」も20歳から29歳が28.3％、「アニメ映画、メディアアートなど」は18歳から19歳が32.8％、「オーケストラ、室内楽、オペラ、合唱、吹奏楽など」は70歳以上が17.8％、「ミュージカル」は20歳から29歳が15.2％、「現代演劇、児童演劇、人形劇」は18歳から19歳が10.7％、「伝統芸能」は70歳以上が8.9％で最も高かった。コンテンツの鑑賞率の高さは18歳から29歳の比較的若い層と70歳以上の高齢層に偏っており、これらの層は比較的自由な時間が多くあり、鑑賞費用を捻出しやすい年代層であるため、偏りが生じていると考えられる。

4.2　正統的作品による大衆的作品市場の開拓

　3節で述べたように、マーケティングの基本的な目的は、消費者のニーズを創造・開拓・拡大することであり、新たな顧客を開拓することは、コンテンツの売り手にとって重要なことである。

　表5の作品型コンテンツの鑑賞率を見ると、ライブ型正統的作品である「伝統芸能」の鑑賞率は、全体で4.7％、年代別では18歳から19歳が2.5％、20歳から29歳が3.5％、30歳から39歳が1.6％、40歳から49歳が1.6％、50歳から59歳が5.4％、60歳から69歳が6.0％、70歳以上が8.9％であり、18歳から49歳までの鑑賞率が特に低い特徴がある。「伝統芸能」の内訳には総合エンタテインメント企業である松竹株式会社が中心となって商業的な興行を行う歌舞伎[6]も含まれているため、歌舞伎の鑑賞経験が「伝統芸能」の鑑賞率に占める割合が大きいと推測でき、同じ「伝統芸能」のカテゴリに属する能・狂言の鑑賞率は「伝統芸能」全体の鑑賞率よりもさらに低くなっていると考えられる。

　公益社団法人能楽協会（2017）によると、能楽には以下の課題がある。

（1）「難解で近寄り難い」とのイメージを持つ方が多く、観客が限定的であること。

（2）公演情報が集約されておらず、多言語化も遅れており、国内外を問わず発信力に欠けること。

（3）チケットは手売りも多く、クレジット決済等の導入も出来ていないこと。

（4）芸能の性質上、歌舞伎のような連続興行があまり行わ

れていないこと。

（5）能楽堂は、200 〜 500 席ほどで、公演による収益性に乏しいこと。

このように、顧客数の最大化を目指さず、理解できる消費者のみをターゲットとする正統的作品に分類される能楽ではあるが、あまりにも鑑賞率が低く、能楽界自体も観客が限定的であることに危機感を抱いており、新たなマーケットを開拓する取り組みが求められている。

2022 年に新たなマーケットを開拓する試みとして、能楽師らによる「能狂言『鬼滅の刃』」公演が企画された。『鬼滅の刃』は『週刊少年ジャンプ』で 2016 年 11 号から連載が開始された単行本 1 巻から 23 巻の累計発行部数が 1 億 5,000 万部を超える吾峠呼世晴氏による人気マンガであり、1 次流通の静止型大衆的作品のマンガに加え、映像型の TV アニメや映画、ライブ型の舞台の展開が同一の階層において行われている[7]。

「能狂言『鬼滅の刃』」は 2022 年の 7 月 26 日から 31 日の 6 日間に東京の観世能楽堂で 9 公演（1 日 2 回公演が 3 日間）、12 月 9 日から 11 日の 3 日間に大阪の大槻能楽堂で 6 公演（1 日 2 回公演）の合計 15 公演が実施された[8]。能楽の課題（4）で述べられていたように、芸能の性質上歌舞伎のような連続興行が実施されることはあまりないため、15 公演の実施は異例のことである。チケットはチケット販売大手のローソンチケットで抽選販売され、すべての公演がソールドアウトとなった[9]。能楽の課題（3）で述べられていたように、手売りが多い能楽公演のチケットが大手チケットサイトで販売さ

れ、かつ多数の申込者が予想されたために抽選販売になったというのも異例のことである。会場では、原作者の吾峠呼世晴氏が書き下ろした能の装束をつけた主人公のキャラクターグッズ（「京扇子」「アクリルスタンド」「巾着袋」「パンフレット（不織布バック付）」「缶バッジ」「クリアファイル」「ふせん」）[10] が販売された。

　東京公演の観客の多くは、能楽にあまりなじみがない原作マンガのファンであった（水沼 2022）。筆者が訪れた大阪公演でも能楽堂での鑑賞が初めての観客がほとんどのように見受けられ、多くの観客が能舞台を熱心にスマートフォンで撮影していた。

　演出を担当した能楽師の野村萬斎師は「ストーリーは原作に沿っているので、分かりやすいはず。ぜひファンの皆さんには、『鬼滅の刃』の世界を能狂言で表すとこうなるんだということをよく感じ取ってもらえたらと思う」とコメントしている（水沼 2022）。能楽の課題（1）で述べられた能楽の正統的作品であるがゆえの難解さについて、野村萬斎師は「能狂言『鬼滅の刃』」は「ストーリーが原作に沿っているので分かりやすい」と述べ、「ファンの皆さん」と呼びかけており、マンガの読者層をターゲットにしていることを明言している。一方、「能狂言で表すとこうなるんだということをよく感じ取ってもらえたら」と、正統的作品である能楽形式での上演であることに加え、演出家の意図が十分に反映されている作品であることを示唆している。さらに、原作の「鬼を鎮めるという鎮魂的な要素」が能の精神に通ずると、原作が能楽のテーマに適したものであると述べている（Date

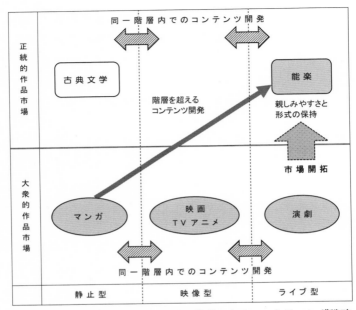

図3 「能狂言『鬼滅の刃』」の階層移動によるマーケティング戦略

2022)。

　図3は「能狂言『鬼滅の刃』」の階層移動によるマーケティング戦略を示したものである。今回の取り組みでは能楽コンテンツが位置するライブ型正統的作品市場における観客が限定されたものであるため、新たなマーケットの獲得を目標に「能狂言『鬼滅の刃』」コンテンツを開発し、静止型大衆的作品市場で非常に多くの顧客を持つ『鬼滅の刃』の集客効果を期待し、階層を超えてライブ型大衆的作品市場の開拓を目指した戦略であると説明することができる。

　その際には階層の障壁を低くしライブ型大衆的作品市場の

顧客に接近するために、装束や面のビジュアル面や演出の工夫が行われている。階層間を移動するコンテンツ開発の難しさは、正統的作品の形式を保ちながら、いかに新規顧客の興味・関心を引き起こす方法を提示できるかであると考える。本公演は、「斬新な演出や現代語に近いセリフ回しの一方、伝統芸能の格式が保たれ（中略）異なるジャンルを許容する古典芸能の懐の深さを感じさせた」（木村 2022）と評されたように、形式を保ちながら、興味・関心を引き起こすことに成功した事例であるといえる。

　伝統芸能カテゴリの歌舞伎では、能楽に先立ち階層間の移動によるコンテンツ開発[11]が行われているが、単に大衆的作品市場で人気のある作品を採用し、物語の構成や衣裳をなぞるだけでは、自身の正統的作品市場のポジショニングが大衆的作品市場に変更されるにすぎないことに注意が必要である。

　本公演の成功は、階層間の移動によるコンテンツ開発が新たな顧客の獲得に有効な手法であることを示しているが、開拓した新たな顧客層をどのような方法で本来の正統的作品市場に誘導し、市場にとどめるかが今後の重要な課題である。

4.3　大衆的作品による正統的作品市場の開拓

　静止型正統的作品である『平家物語』は、作者不詳の日本の鎌倉時代前期に成立したとされる軍記物語で、同一階層内の能楽や歌舞伎、浄瑠璃などのライブ型コンテンツへの移動が長い年月にわたり行われてきた。読者も『平家物語』の「祇園精舎の鐘の聲、諸行無常の響あり[12]」で始まるフレーズを

学校で暗記した経験を持つのではないだろうか。

　表5の「アニメ映画、メディアアートなど」の鑑賞率は全体で13.9％、年代別では18歳から19歳が32.8％、20歳から29歳が28.6％、30歳から39歳が19.0％、40歳から49歳が19.5％、50歳から59歳が9.6％、60歳から69歳が6.6％、70歳以上が3.3％であり、若年層と比較して50歳以上の中高年層の鑑賞率が特に低い特徴がある。このことからTVアニメの視聴に関しても、同様の傾向があることが推測でき、中高年層の市場開拓がマーケティング上の課題であると考えられる。

　2022年1月12日から放映が開始された「TVアニメ『平家物語』」は、『平家物語』の琵琶法師が語った語り本系の『覚一本』を底本として作家の古川日出男が現代語訳をした『平家物語』（河出書房新社）を原作に制作されたものである（高野・山田　2022）。マルチユースとして2022年8月時点で公式ホームページでSVODが12サービス、TVODが9サービス確認できる[13]。

　監督の山田尚子氏は「『平家物語』って国語の授業でも習うから当たり前のようにあるけれど、難しそうだと敬遠しているところがありました。だから今回のお話をもらって『勉強できるぞ』とすごくラッキーに思って」（高野、山田2022）と、「学校の授業で習う」「難しそう」「勉強できる」というBourdieu（1979）による正統的作品の要素を古典文学の『平家物語』に当てはめて語っている。

　大衆的作品市場から正統的作品市場への移動は、新たな顧客層の開拓に加え、アニメ作品に芸術作品として正統的

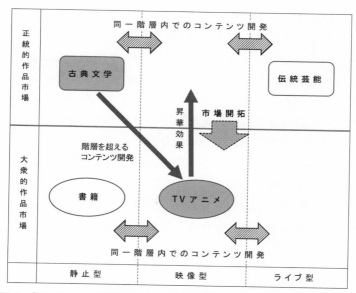

図4 「TVアニメ『平家物語』」の階層移動によるマーケティング戦略

階層へ昇華したイメージを付与する効果（昇華効果）がある
と考えられる（**図4**）。「TVアニメ『平家物語』」の関連商品
として、『アニメ公式画集平家物語の彩（いろ）』（でほぎゃ
らりー、「平家物語」製作委員会）の画集の商品展開が行わ
れているが、当該商品の商品説明には、「1カット1カット
が『完成度の高い絵画のようだ』と絶賛された、アニメ『平
家物語』の風光明媚な背景美術の世界を一冊に凝縮しまし
た。」と書かれており、「完成度の高い絵画」と正統的作品を
イメージさせるものとなっている[14]。このように、大衆的作
品による正統的作品のコンテンツ開発は、正統的作品市場の
顧客を獲得するとともに、コンテンツ自体に正統的なイメー

ジを付与する昇華効果を持つ。

　作り手にとって、商業的成功を最大の目的とした大衆的作品を制作する場合であっても、作り手の意図が十分に反映されていると感じられることは、制作の動機づけになるはずである。インターナル・マーケティングとは、高い顧客満足を得るためには従業員満足を高めることが必要であるという考えに基づく従業員の動機づけのためのマーケティングである（恩蔵 2020）。大衆的作品による正統的作品市場の開拓は、作り手の満足度を高めることでコンテンツ自体の品質が高まり、その結果顧客満足を高めることを目指すインターナル・マーケティングの側面を持つと見なすことができる。

5. まとめ

　日本のコンテンツ市場はおおよそ 13 兆円前後と非常に大きなマーケットであり、今後マルチユース市場のさらなる拡大が予想される。

　本書では創作性が高く、それ自体が消費の対象となるコンサマトリーな作品型のコンテンツに対象を限定して論じることとし、本章では作品型コンテンツを市場における流通形態と作品の社会的な階層性の 2 軸での分類を試みた。この分類は、同一の階層において静止型から映像型、映像型からライブ型などのように流通形態を移転するマーケティング戦略が明示できること、作品の社会的な階層性でコンテンツを分類することで、同時に正統的作品を嗜好する消費者層と大衆的作品を嗜好する消費者層の分類が可能になる利点がある。

　この分類を用いて、正統的作品が大衆的作品市場のコンテンツを用いて新たな市場を開拓するマーケティング戦略の事例として、能楽による「能狂言『鬼滅の刃』」を取り上げた。正統的作品による大衆的作品市場の開拓は、一時的な顧客の獲得には効果的な戦略であるが、正統的作品の形式を保ちながら、いかに新規顧客の興味・関心を引き起こす方法を提示できるかがポイントであり、開拓した顧客層をいかに本来の正統的作品市場に誘導し、とどめることができるかが課題である。

　また、大衆的作品が正統的作品市場のコンテンツを用いて新たな市場を開拓するマーケティング戦略の事例として「TV アニメ『平家物語』」を取り上げた。大衆的作品による正統的作品市場の開拓は、正統的作品市場の顧客層の獲得に加え、コンテンツ自体に正統的なイメージを付与する昇華効果があるとともに、作り手の満足度を高めるインターナル・マーケティングの側面を持つと考える。

　日本の「マンガ」や「アニメ」は多くの顧客を獲得している作品ジャンルであり、顧客の減少に危機感を抱いている正統的作品市場にとって、顧客獲得のためには階層間の移動によるコンテンツ開発は効果的な手法である。一方、大衆的作品市場にとって階層間の移動によるコンテンツ開発は、新たな顧客層の獲得に加え、作り手の動機づけやコンテンツのさらなる品質の向上が見込める有効な手法であると考える。

謝辞

　本書は荒木長照先生の 2023 年 3 月末の大阪公立大学のご

退職に際して企画された。先生は私の大学院での指導教官であり、現在もご指導いただいている。先生は社会人大学院生であった私に研究者としての新しい人生を与えてくださった。先生には感謝してもしきれないほどである。先生のご退職は淋しく心細い限りであるが、謡曲「橋弁慶」にあるように、主従（師弟）は「三世の機縁」である。いつまでも弟子としてご指導を賜りたいと願っている。先生の末永いご健康とご多幸を祈念する。

注

1) 集計の対象外の項目は、乗換案内、宿泊予約などの検索サービスや表計算ソフトなど動作や機能に価値が認められるものであって、ソフトそのものの表現内容に価値が認められないものおよび企業の PR 用ビデオ、自費出版書籍などの市場を形成していないものである（総務省 2022）。
2) データは単位未満で四捨五入しているので、各項目の値の合計と表中の合計が合わない場合がある。
3) デジタル市場の映像項目にある SVOD とは、Subscription Video On Demand の略で、定額制動画配信のことで、TVOD とは、Transactional Video On Demand の略で、視聴レンタル制の都度課金型動画配信のこと。
4) グローバルエンタテイメント＆メディアアウトルック（PwC）、グローバルライセンシング調査 2019（ライセンシングインターナショナル）などを用いて経済産業省が作成したもの（経済産業省商務情報政策局 2020）。
5) 新村出編『広辞苑 第三版』(1983)、岩波書店。
6) 松竹株式会社ホームページ、(https://www.shochiku.co.jp/company/profile/business/，2022 年 8 月 20 日参照)。
7) 「鬼滅の刃」公式ホームページ、(https://kimetsu.com/about/，2022 年 8 月 20 日参照)。
8) 「能狂言『鬼滅の刃』」公式ホームページ、(https://kimetsu-nohkyogen.com/，2022 年 8 月 20 日参照)。
9) 同上。
10) 同上。

11）初演が 2018 年の歌舞伎「NARUTO」、初演が 2019 年の歌舞伎「風の谷
　　のナウシカ」など。
12）高木市之助、小澤正夫、渥美かをる、金田一春彦校注『日本古典文学大系
　　32 平家物語 上』(1959)、岩波書店。
13）"ONE AIR"、TV アニメ「平家物語」公式サイト、(https://heike-anime.
　　asmik-ace.co.jp/onair, 2022 年 8 月 20 日参照)。
14）"PRODUCTS"、TV アニメ「平家物語」公式サイト、(https://heike-an-
　　ime.asmik-ace.co.jp/products/artbook、2022 年 8 月 20 日参照)。

参考文献

新井範子 (2004)、"コンテンツ消費を考える"、新井範子、福田敏彦、山川悟
　　『コンテンツマーケティング』PART4、101-139、同文舘出版.

経済産業省商務情報政策局 (2020)、「コンテンツの世界市場・日本市場の概
　　観」、経済産業省、(https://www.meti.go.jp/policy/mono_info_service/
　　contents/downloadfiles/202002_contentsmarket.pdf, 2022 年 8 月 20 日
　　参照).

大場吾郎 (2017)、"はじめに"、公益財団法人情報通信学会コンテンツビジネ
　　ス研究会編『コンテンツビジネスの経営戦略』、i-v、中央経済社.

恩蔵直人 (2020)、"サービス・マーケティング"、和田充夫、恩蔵直人、三浦
　　俊彦『マーケティング戦略　第 5 版』第 13 章、297-316、有斐閣.

木村直子 (2022)、「[評] 能狂言『鬼滅の刃』マンガの世界観格式保ち」、読売
　　新聞、2022 年 8 月 9 日（東京夕刊）、ヨミダス歴史館、(https://database.
　　yomiuri.co.jp/rekishikan/, 2022 年 8 月 22 日参照).

公益社団法人能楽協会 (2017)、第 3 回「楽しい国 日本」の実現に向けた観
　　光資源活性化に関する検討会議提出資料「能楽界の取組、今後の目標」
　　（平成 29 年 12 月 19 日）、国土交通省観光庁、(https://www.mlit.go.jp/
　　common/001217412.pdf, 2022 年 8 月 20 日参照).

情報通信政策研究所 (2022)、「メディア・ソフトの制作及び流通の実態に
　　関する調査研究報告書」、総務省、(https://www.soumu.go.jp/main_
　　content/000820990.pdf, 2022 年 8 月 20 日参照).

高野文子、山田尚子 (2022)、『わたしたちが描いたアニメーション「平家物
　　語」』、河出書房新社.

Date Natsume (2022)、「能狂言『鬼滅の刃』が描く世界」、『T JAPAN』、
　　2022 年 6 月号、72-75、朝日新聞社.

文化庁 (2020)、「文化に関する世論調査報告書（令和元年度調査)」、文化
　　庁、(https://www.bunka.go.jp/tokei_hakusho_shuppan/tokeichosa/

　　　pdf/92221801_01.pdf，2022 年 8 月 20 日参照).

水沼啓子（2022），「『鬼滅の刃』が能狂言に　野村萬斎が演出、世界観に親和
　　性」，産経新聞，2022 年 7 月 21 日，THE SANKEI NEWS，(https://www.
　　sankei.com/article/20220721-4UG4Y54UAZPK7GKABHDPRGC3GI/，
　　2022 年 8 月 20 日参照).

山川悟（2004），"なぜ、コンテンツマーケティングなのか"，新井範子，福田
　　敏彦，山川悟『コンテンツマーケティング』PART1，1-38，同文舘出版.

和田充夫（2020），"マーケティング戦略への招待"，和田充夫，恩蔵直人，三
　　浦俊彦『マーケティング戦略　第 5 版』序章，1-18，有斐閣.

Bourdieu, P.（1979），*La Distinction Critique Sociale du Jugement*，Prais，Edi-
　　tions de Minuit.（石井洋二郎訳『ディスタンクシオンⅠ』(2020)，藤原書
　　店).

第1部

コンテンツの効果測定

第 1 章

広告効果の測定

―広告換算金額によるパブリシティ効果の測定について―

1.1　はじめに

　新年の恒例行事・話題として初競りがあげられるが、その中でも東京の築地や豊洲市場のマグロの初競りにおいて寿司チェーン店が高額で買い取るニュースを聞いたことがある人もいるだろう。2019 年には青森県大間産のマグロ 278 キロに 3 億 3,360 万円の史上最高値がつき競りが過熱したが、2022 年には 1,688 万円まで落ち着いている[1]。

　落札者の意気込みやご祝儀相場から高値で買い取られたマグロは 2022 年の額であっても採算が取れるものではない。しかし法外な値段がつくことでニュースや話題になり、メディアに配信されることで落札業者の知名度が上がるいわゆる広告効果、パブリシティ効果が発生する。こうしたメディアの掲載量を集計し、広告単価を基に金額に置き換えたものが広告換算金額である。田中（2019）よりビルコム株式会社の調査によると 2019 年のマグロの初競りニュースの広告換算金額は 26 億円と測定されている。

　広告換算金額の測定によって「費用はかかったが広告効果

や宣伝効果になった」というあいまいな感覚・利点ではなく、数値とくに金額に置き換えることでかかった費用と明確に比較可能となる。また単に注目度を金銭や数値に置き換えるだけでなく、数値化された指標の有効な使い方が提案できる。こうした明確な数値化が特に必要なのは地方自治体が企画するイベントやPR、ご当地キャラクターなどである。

　本章ではパブリシティ効果を定量化・金額化した広告換算金額について、比較的低コストかつ比較的労力の少ない測定方法を紹介し、指標としての目的や意義ついて解説し、ご当地キャラクターや地域イベントを事例に地域活性化の面から解説を行う。

1.2　パブリシティ効果とその「費用」

　まずパブリシティについて説明すると、新聞・テレビなどのマスメディアに「報道」として広告料を支払わずに取り上げてもらうことと定義される。しかしパブリシティは有料の宣伝ではないが、完全に無料というわけではない。「報道」として提供してもらうためには話題作りが必要であり、それには「費用」がかかる。その「費用」としてあげられるのが初競りのマグロや北海道日本ハムファイターズ新庄剛志監督の就任会見時における派手なスーツなど世間の注目をひくものである。

　私企業だけが費用をかけずに話題作りのためにパブリシティを利用しているのではなく、地方自治体も積極的に利用している。例として、地方自治体がパブリシティのために

かける「費用」には、首長の記者会見時の背景にあるバック
パネル作製やご当地キャラクターのデザインや着ぐるみの製
作、イベント開催（とその情報提供）がある。さらに決して
許される行為ではないがキャラクターの銅像の盗難・破損と
いった予期しない事件・事故などもあげられる[2]。「悪名は
無名に勝る」「悪名も名のうち」という言葉があるように知
名度の向上やきっかけは予期しない事態から出発することも
ある。

　こうした「費用」をかけて地方自治体による県産品の PR
や観光資源を活用したイベントの PR などで地域振興や地域
活性化を行っている。PR のために料金を払ってメディアに
広告を出稿することも可能であるが、限られた予算・税金の
支出の中では難しい側面がある。また少子化の加速と地域経
済の衰退、そして地方財政の悪化で地方自治体は限られた予
算と地域の資源を有効に活用してまちづくりや地域振興を行
わなければならないため、ますますパブリシティ効果を使っ
て費用を抑えた PR を行うことが求められている。こうした
パブリシティ効果を金額に置き換えたものが広告換算金額で
ある。

　パブリシティ効果の問題点について日本広告業協会 (2020)
によると「制作サイドでは、「その内容はニュース性がある
か、読者や視聴者に有益で、彼らが望む情報かどうか」とい
う視点で採否が判断される」とあり露出・掲載は制作者側に
委ねられる。さらにその中でもニュース性が重要であり、過
去の話題、すでに大きく取り上げられた話題や 2 回目の紹介
などニュース性がないものは掲載・露出はないため、情報開

示のタイミングやその時期の他の施策とのスケジュールの組み立てが大切であるとも述べられている。

　広告料金が発生しないという大きな利点があるパブリシティ効果であるが、プレスリリースがすべて掲載されるわけではない。「報道」として掲載されるための要件を揃えるための準備が必要である。

1.3　広告換算金額の測定事例とその目的

　広告換算金額の測定の目的はさまざまである。事例を基にその目的を分類して解説する。

1.3.1　パブリシティ効果・広告効果

　近年の事例としてニホンモニター株式会社（2021）のプレスリリースより 2021 年 11 月 14 日の北海道日本ハムファイターズの新庄剛志監督の就任会見のメディア露出を調査し、広告換算金額を 104.9 億円と発表している。調査期間は 11 月 14・15 日で、集計対象はテレビで東京キー局、新聞では東京発行 11 紙、Web は主要ニュースサイトである。

　こうした記者会見や先述のマグロの初競りの広告換算金額が発表・報道される理由はパブリシティ効果そのものであるといえる。これらは当事者とは関係ない調査会社が、注目されるニュースを広告換算金額に置き換えて発表する。すると大衆の興味をひきそうなものと判断すればメディアが取り上げ記事として掲載される。お金に関心のない人はそうそういないからである。こうして調査会社が費用をかけずに会社の

知名度向上や広告換算金額の調査業務の広告を行うことがで
きる。

1.3.2　キャラクターによる地域活性化事例

　パブリシティ効果を利用して地域活性化に結びつけたタレ
ント知事とご当地キャラクターの事例を紹介する。

　まずは東国原英夫氏の事例で、2007 年 1 月に宮崎県知事
に就任してからすぐにその注目度と知名度を生かしてマスメ
ディアの前で宮崎の県産品を PR し始めた。その結果、宮崎
県（2007）より県の委託を受けて電通九州が就任 1 週間の
テレビにおける露出時間を計測し広告換算金額は東京キー局
のみで 165 億 8,912 万円と発表している。こうしたパブリシ
ティ効果もあって県産品の人気・需要が高まり、知事のトッ
プセールスと地場産業の努力もあって、宮崎県（2010）によ
ると畜産物や食料品・観光消費など 9 品目において生産額の
増加が見られた。

　次にご当地キャラクターの事例として奈良県のマスコット
キャラクター「せんとくん」の事例を紹介する。このキャ
ラクターは平城遷都 1300 年祭のマスコットキャラクターと
して 2008 年 2 月に登場し、当初は独特のキャラクターデザ
インから否定的な意見が多く寄せられ、反対運動や「せんと
くん」に対抗した独自キャラクターが乱立するなどの騒動と
なった。逆にこうした騒動がキャラクターやイベントの知名
度を上げていくことになった。荒木・田口（2008）より、「せ
んとくん」に関する露出量について 2008 年 2 月 24 日から 3
月 15 日までの期間、新聞記事とテレビ露出を集計し広告換

算金額は新聞が 1,333 万円、テレビが 14 億 6,959 万円、合計
14 億 8,292 万円となった。こうした騒動はその後のイベント
自体には好影響をもたらすこととなった。平城遷都 1300 年
祭記念事業協会（2011）によると奈良県内における平城遷都
1300 年祭への県全体の来場者数は予測値の 1.7 倍の約 2,140
万人となり、来場者数の消費支出は約 1,280 億円、事業支出
を合わせた経済波及効果は奈良県内で約 970 億円、近畿圏内
で約 1,460 億円、日本全体で約 3,120 億円となった。また「せ
んとくん」自体のメディア露出・人気も高まり、新聞の掲
載件数は 4,587 件で広告換算金額は 71 億円（2009 年 11 月～
2011 年 1 月までの県外露出分）、テレビの放送件数は 702 件
で広告換算金額は約 261 億 6,400 万円（2010 年の 4、5、8、
10、11 月のみの調査）となっている。「せんとくん」ライセ
ンス商品においてライセンス使用企業数は 194 社、契約金額
は約 50 億円（マスターライセンシーオフィス調査による。
2010 年 12 月末まで）であった。紆余曲折があったものの、
結果的にはイベントは成功し、知名度を上げた「せんとくん」
はイベント終了後も奈良県のマスコットキャラクターに就任
し現在に至っている。

　知事やご当地キャラクターの露出をきっかけやてこにし
て、県産品やイベントを PR して商品の販売増や観光客・集
客増加と地域経済の活性化へと結びついたのである。

1.3.3　地域活性化と複数の指標

　最後に、定量的な指標を組み合わせることで地域活性化
の効果を明確にする事例を紹介する。「群盲象を評す（6 人

の盲人と象)」という寓話がある。6 人の目の見えない人たちが象の一部だけを触って感想を語り合う寓話であり、全体像を把握すべきであるという教訓や物事には多面性があるといった教訓を示すものである。定量的な指標においても 1 つの指標だけでは測りきれないものがあり、広告換算金額も指標としての限界は存在する。さまざまな指標を使って多面的に地域活性化を測り、その測定手段の 1 つに広告換算金額を用いる方法がある。

　地域活性化の効果を定量的に測る指標として、よく用いられているのが経済波及効果[3]や経済効果と呼ばれるものである。経済波及効果はアンケートや公的統計などを利用して消費額・支出額を計算し、産業連関表を使って生産誘発額や粗付加価値誘発額（GDP、域内総生産に換算）を計算する手法である。端的に説明すれば「使った金額（消費額）」を計算することで、「地域で動いた金額（生産誘発額、経済波及効果)」や「地域に残った金額（粗付加価値誘発額)」を計算する方法である。地域活性化において定量的な指標として有名であるが、万能な指標ではない。知名度向上という経済波及効果では測れない効果を測定する指標として広告換算金額があげられる。

　地域経済の活性化や知名度向上を目的としたものに地域イベントの開催があげられる。こうしたものには当然費用がかかり、税金の支出が伴う場合は効率的な使い方や効果の明示が求められる。その際、経済波及効果とセットで広告換算金額（やさらに別の指標）を測定することでパブリシティ効果と地域経済の活性化の一石二鳥やそれ以上の効果を定量的に

かつ多面的に明示できる。事例として田口・荒木（2011）より、2009年夏に大阪市で開催された地域・観光イベント「水都大阪2009」について、政策評価に必要な定量的な指標の測定方法を提案し、そのひとつとして広告換算金額を用いた。このイベントは大阪府と大阪市が開催費用を負担しており、イベントの成果や政策評価のために開催費用とその効果を比較した。

　田口・荒木（2011）では税収推計額、支払意志額、広告換算金額の3つの指標からイベントの政策評価を行っている。まず経済波及効果から粗付加価値誘発額を計算し、さらにそこから発生する税収を推計している。入場者数と消費単価、開催費用から経済波及効果を計算するだけで地域経済の向上を示す理由として説明されることがあるが、さらに税収を推計することで、地域イベントによる公的支出によって消費が喚起され、経済が活性化して税収として還元され、さらに地域活性化施策の実行による税金の支出という一連のサイクルが完成し、財政的・経済的な持続可能性が達成される。

　次に「水都大阪2009」が入場無料のイベントであることから、仮想的市場評価法（CVM；Contingent Valuation Method）による経済評価、支払意志額の総額を推計している。これは「もし有料になったら支払ってもいい金額」[4] であり、本来は市場で取引されず金銭的価値に置き換えられていない環境価値を金銭的に評価するために用いられてきたものであり、それを無料イベントの金銭的評価に応用している。そして本章のテーマである広告換算金額で、イベントは水の都という地域ブランディングを目的としていることか

ら、その効果を定量的に表すために広告換算金額を計算している。

　こうした複数の指標を計算するに当たって、特に消費額や支払意志額の調査のため Web アンケートが必要であり、その費用が高額となってしまう。そのため広告換算金額の集計・計算をすべて外注することは予算上難しく、後述する一部の外注化と研究者自身の作業により求めている。こうして3つの政策評価指標を示したのが**図 1.1** である。

　図 1.1 より税収推計額と開催費用を比較すると、税支出と収入が発生する公的機関が異なるものの大阪府と大阪市が負担した税金以上に税収が発生しているために財政的な持続可能性では成功しているといえる。一方支払意志額は中央値、

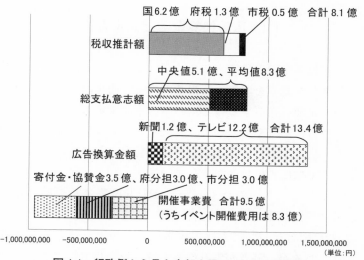

図 1.1　行政側から見た水都大阪 2009 の政策評価

出典：田口・荒木（2010）

平均値ともに開催費用を下回っており、経済価値を創出した
とは言いがたい。しかし広告換算金額と比較すると開催事業
費分の金額を広告費に投入する以上パブリシティ効果を生み
出している。ただし、開催費用との各指標との比較は可能で
あるが、金額表示とはいえ異なる指標の計算であり各指標を
合算することは難しい。図 1.1 から 3 つのうち 1 つの指標で
開催事業費とその効果が下回る場合、その下回る 1 つの指標
だけで比較されれば他のイベントの効果を見落としたまま存
廃が議論される恐れがある。地域イベントの複数の効果や一
部の失敗要因を明示することで、多角的・総合的に評価する
ことが可能となる。それら複数の指標の中に広告換算金額を
入れることで多面的にイベントの効果を測定できる。

1.4　広告換算金額と測定方法

　広告換算金額の測定方法を簡潔に説明すると、メディアで
発信された記事を収集し、掲載面積・時間を測り広告単価を
用いて金額に換算することである。用語は定まったものでは
なく、宣伝効果や広告効果、PR 効果とあいまいなものであっ
たり、広告換算や広告換算額・値・費などとも呼ばれている
が本章では広告換算金額としている。
　ニホンモニターのサイト[5]では広告換算金額の集計方法
が公表されており、株式会社コミュニケーションデザイン
（2022）ではテレビにおける広告換算金額の計算方法が詳述
されているが、筆者が集計作業を行った過程で得た体験や計
測の効率性についても述べる。学術書としては客観的でない

記述もあるかもしれないが、広告換算金額を自前で作るうえで必要な情報であると思われるためこうした説明を行っている。

　なお、本節で紹介したサイトや調査会社はあくまでも本テーマの解説のための事例として紹介するものであり、筆者とは利害関係がないことを明記しておく。広告換算金額の計測に興味のある人は他の業者も参照し、一方で比較的低コスト・比較的低労力で行うため後述のように一部を自前で計算することをおすすめしたい。

　よって本節の趣旨は、読者が広告換算金額を計算するうえで比較的低コストで比較的に労力を少なくすることを想定して測定方法を記述・提案することである。

1.4.1　新聞記事

　必要な記事を切り抜き保管する文字通りのクリッピングが最初の作業であるが、当然あらゆる新聞記事を閲覧して収集することは困難である。データベースを活用して、該当記事を見つけだし掲載面積を測る必要がある。

　日経テレコンのデータベースサービスでは[6]全国紙各紙、都道府県の新聞、専門誌、スポーツ新聞などの記事が検索可能であり、一部は縮小されているものの PDF で実際の記事を印刷できる。縮小されたものから実際の面積を計算して測るのが気になる場合は、図書館でバックナンバーをコピーしたり新聞社本社に行って直近に発行された新聞を購入する方法などがある。

　日経テレコンでカバーできる新聞は多いものの、契約料金

と毎月の基本料金、情報利用料金などがかかる一方[7]、国立国会図書館や都道府県の中央図書館などで無料で記事検索を行える。ただし図書館で利用できる日経テレコンは日経４紙で他の新聞は別のデータベースサービスで検索する必要がある。

　都道府県すべての地方新聞までクリッピングの対象とすると、その広告料金・広告換算金額の増加分は低くなりがちで調査の労力は大きくなるため、費用対効果面から効率的でないかもしれない。収集すべき新聞の線引きをするとしたら全国的に発行される五大紙（読売・朝日・毎日・日経・産経）が合理的・効率的であろう。ただし、首都圏や関西圏などの都市部では国会図書館や都府県の中央図書館に行って五大紙やそれ以上の記事検索が可能であるが、他県の中央図書館の中には五大紙すべてのデータベース契約を行っていない場合がある。その場合は四大紙（読売・朝日・毎日・日経）あるいは三大紙（読売・朝日・毎日）と絞り込まざるを得ない。さらに地元限定・地域密着情報といったパブリシティの内容によっては、五大紙の中でも東京本社版・大阪本社版などの本社地域の設定や地域版を集計対象にしたり、地元紙・地域紙を加えたりするなど集計範囲の見直しが必要である。

　次に収集した掲載記事の面積を計測する作業であるが、『新聞広告料金表〔2021年度版〕』の説明では新聞の面積の単位は天地（上下）が約3.3cm、左右38.5cmを１段とし、15段で１ページとなる。広告料金に変換する準備として、面積の計測は１段の天地×1cm単位あるいは１段（38.5cm）として計測する必要がある。近年は１ページを12段で構成して

いる記事（1段の上下約 4.3㎜）もあり広告料金の単位と異なる場合がある。見出しや写真など段にとらわれない不定形の構成の場合もある。その場合は天地約 3.3cm（×左右 38.5cm）の段の単位で計測し変換する必要がある。

　面積（段数）の計測と並行して、記事を紙面や地域などに分類する。さらに広告単価が異なる朝刊・夕刊・地方版・各本社版に細分化してその中で掲載された記事の段数を合算する。

　最後の作業である広告料金単価の採用とその基準についてはさまざまな解釈が存在するであろう。例えばニホンモニターのサイト[8]では「1cm」単位の広告単価で計算していると記載している。この計算方法では臨時もの・少額・面積の小さい広告に適用される単価が高いものを採用していると見受けられる。広告が長期間、大量に掲載される場合は記事下契約料金という合計段数が多くなるほど1段当たりの広告料金が逓減される割安な料金体系もある。広告換算金額が過大な計算と見られないためにも合理的な説明ができるような方法をとるべきである。なお荒木・田口（2008）では各紙・本社・地域版において1段（左右 38.5cm）に満たないものは記事下営業料金の1cmの広告単価（約 3.3cm× 1cm）とし、それ以上のものは記事下契約料金で算出した。集計結果の例は**表 1.1** の通りである。**表 1.1**（および後述の**表 1.2**）の事例は荒木・田口（2008）より「せんとくん」に関する露出量について 2008 年 2 月 24 日から 3 月 15 日までの期間で新聞記事（**表 1.2** はテレビ）の露出を集計し広告換算金額に置き換えたものである。

表 1.1　新聞の広告

日付	新聞	朝刊/夕刊	版	面	面2	記事
大阪本社版および地方版（奈良）集計						
2008.3.14	朝日	朝	14	30	社会	「かわいくない」ブレーク平城遷都マスコット愛称応募 1400 件
2008.3.12	朝日	朝	13	24	奈良	遷都 1300 年キャラ愛称応募 1 万超
2008.3.13	朝日	朝	13		奈良	遷都 1300 年キャラ「変えません！」知事好悪の問題
2008.3.8	朝日	朝	13	32	奈良	身捨てて浮かぶ PR? 遷都 1300 年キャラかわいくない TV 触手
2008.3.13	産経	朝	14	30	社会	奈良県知事「撤回しない」平城遷都マスコット
2008.3.6	産経	朝	14	30	社会	平城遷都 1300 年祭マスコットキャラ不評
2008.3.14	日経	朝	14	43	社会	かわいくない？マスコット論争奈良「平城遷都 1300 年祭」
2008.3.14	毎日	朝	14	6	解説	マスコット騒動「どうでもよい」
2008.3.14	毎日	朝	14	30	社会	「平城遷都キャラ」愛称 1 万 4539 件応募
2008.3.10	毎日	朝	14	29	社会	雑記帳
2008.3.8	毎日	朝	13	28	社会	平城遷都キャラ、県議会でも話題に
2008.3.8	毎日	朝	14	30	社会	きょうの楽
2008.3.9	毎日	朝	13	29	社会	見慣れたら好きになる平城遷都祭のキャラ作者語る
2008.3.2	毎日	朝	13	1		平城遷都 1300 年祭マスコットゆるキャラ失格？
						小計
2008.3.7	毎日	夕	4	15	社会	愛称続々平城遷都 1300 年キャラ
2008.3.12	毎日	夕	4	8	社会	平城遷都キャラ「白紙撤回せぬ」奈良県知事
						小計
2008.2.24	毎日	朝		23	奈良	鹿笛
2008.3.10	毎日	朝		25		「何か違和感」「もっと渋く」平城遷都 1300 年キャラクター白紙撤回へ署名相次ぐ
2008.3.12	毎日	朝		23	奈良	愛称応募 1 万件も来たよ担当者「想定外どう選ぼう」
2008.3.12	毎日	朝		24	奈良	温かく見守って「鹿男」主演の玉木さん会見
2008.3.5	毎日	朝		25	奈良	鹿笛
2008.3.9	毎日	朝		25	奈良	支局長からの手紙ウラかく戦略なら
2008.3.14	読売	朝	14	39	社会	いずみ
2008.3.6	読売	朝	14	37	社会	平城遷都 1300 年祭マスコットデザイン変えて
						小計
2008.3.10	読売	朝		26	奈良	平城遷都 1300 年祭マスコット「撤回」市民ら署名活動
2008.3.12	読売	朝		31	奈良	1300 年キャラデザイン注目？愛称応募 1 万件
2008.3.12	読売	朝		31	奈良	若草山夕景撮りたい「鹿男あをによし」主演・玉木宏さん県ロケ終了前に会見
2008.3.13	読売	朝		33	奈良	1300 年祭キャラ知事「変更ない」
2008.3.8	読売	朝		–	奈良	「なぜ非公募」「他の作品は」1300 年祭マスコット不評選考法県議会も逆風
東京本社版集計						
2008.3.12	産経	朝	15	29	社会	チャイム
2008.3.14	毎日	朝	14	28	社会	あの平城マスコット愛称応募に 1 万件超
2008.3.2	毎日	朝	14	26	社会	かわいくない？奈良・平城遷都 1300 年祭キャラクター論争
2008.3.12	毎日	夕	4 ☆	8	社会	平城遷都キャラクター奈良知事撤回せず

出典：荒木・

換算金額集計例

	段	料金	単価	広告換算金額	備考
	1.26	A 料金記事下契約	1,332,000	1,681,434	
	0.47				
	0.48				
	1.10				
小計	2.05	奈良版記事下営業料金	133,400	273,037	
	0.66				
	1.41				
小計	2.07	記事下契約料金	630,000	1,304,182	
	0.58	記事下営業料金 1cm	19,200	426,240	1 段未満のため 1cm 単価使用
	0.73				
	0.24				
	0.51				
	0.23				
	0.39				
	2.88				
	1.41				
	6.39	記事下契約料金 5 段以上	597,300	3,818,066	
	1.33				
	0.43				
	1.76	記事下契約料金 5 段以上	495,400	871,132	
	0.42				
	1.77				
	1.21				
	0.15				
	0.46				
	2.15				
小計	6.16	奈良版記事下営業料金	130,800	805,184	
	0.46				
	0.79				
	1.25	記事下契約料金全地域	1,126,000	1,409,694	
	1.37				
	0.63				
	0.17				
	0.74				
	2.24				
小計	5.15	奈良版記事下営業料金	123,200	634,880	
	0.40	記事下契約料金	31,000	12,400	1 段未満のため 1cm 単価使用
	0.22				
	1.51				
	1.73	記事下契約料金	1,052,000	1,817,091	
	0.20	記事下基本料金	35,600	277,680	1 段未満のため 1cm 単価使用
小計	4.06				
合計段数	28.9	広告換算金額合計（新聞）		13,331,019	

田口（2008）

　広告料金の算定根拠として、掲載される記事が少ない場合は各新聞社のサイトから個別に広告料金を調べることも可能であるが、多数の記事掲載や露出の場合は新聞社すべての広告料金表が一覧できる資料が必要である。ニホンモニターのサイト [9] によるとメディア・リサーチ・センター発行の『月刊メディア・データ（一般新聞＆電波版）』を広告料金として使用しているが、本節の趣旨である比較的低コストで比較的に労力を少なくすることから外れてしまう。同誌は日本のあらゆる書誌が納本されている国立国会図書館には開架・収蔵され、そこにアクセスしやすい、あるいは購入できる場合を除いては日本広告業協会発行の『新聞広告料金表』を購入するのが低コストで現実的ある。

　注意点・問題点としては、アナログな計測手法であるため計測者による誤差の発生が避けられないことである。該当記事のコピー、記事が縮小され A4 に収まった PDF 記事の印刷から実際の大きさに変換する際も誤差は免れない。また段の天地（上下）が「約」3.3cmと記述があいまいなのは、各新聞によっては3.3cm近辺で若干ではあるが段のサイズが異なるからである [10]。そのため、記事で採用されている 12 段の掲載記事を、広告単位に合わせた 15 段に変換する際にも誤差が発生してしまう。

1.4.2　テレビ番組

　テレビ番組の収集は新聞よりもコストがかかるものとなっている。最初の作業は、放送された番組・データの録画・収集である。筆者はかつて、全番組録画レコーダーを購入して

一定期間のニュース・ワイドショーなどをチェックして、とある広告換算金額を集計したことがあるが、思い返せばこうしたすべての番組をチェックすることは現実的ではなく推奨できない。また広告換算金額の対象が関西ローカルと全国放送で良かったため問題はなかったが、この方式では筆者が居住している関西地域以外で放送されている番組をチェックすることができない。

　もう少し効率的な方法として、番組収集において外注を行う方法があり、これで集計が容易となる。調査会社を例示すると、株式会社エム・データやニホンモニターなどがあげられる。エム・データの "TV メタデータとは" のサイトより引用すると「テレビ局で放送されたテレビ番組や TV-CM を、テキスト・データベース化して「TV メタデータ」を構築しています。」とあり、調べたいキーワードやテーマの放送局や放送日時や時間、詳細などがわかる仕組みとなっている。

　実際の料金をここで記載することは憚られるので、調査会社に直接照会してほしいが、広告換算金額まで外注すると費用がかさむため、番組収集は外注化して放送エリアや広告料金の計算は自前で行うといった方法が比較的にコストを抑えつつ効率的かと思われる。さらに外注した収集データの番組だけを軽く視聴して放送内容を確かめるのが丁寧な作業ではあるが、全番組録画レコーダーが必要であったりレコーダーを設置した受信エリア外の番組は確認できないため不完全な確認作業となってしまう。これはあらかじめ放送日時がわかっている場合のみの確認作業となるだろう。またメタデータの集計対象が東京、名古屋、大阪地区、一部の BS 局であ

表 1.2　テレビの広告

開始時間	終了時間	ヘッドライン	出稿開始
8:00	9:55	奈良・奈良市　平城遷都 1300 年祭、マスコットキャラクターに賛否両論	9:09:39
		奈良・奈良市　平城遷都 1300 年祭、マスコットキャラクターに賛否両論	9:13:31
16:53	19:00	奈良・平城遷都 1300 年記念事業協会　強烈キャラの名称募集	17:10:22
		奈良・平城遷都 1300 年記念事業協会　強烈キャラの名称募集	17:12:35
8:00	9:55	"ひこにゃん"に挑む　奈良発！"1000 万"のゆるキャラ	8:46:58
9:55	11:25	特だねワイド「奈良・平城遷都 1300 年祭　ゆるキャラに賛否両論」	10:05:08
16:53	19:00	奈良「平城遷都 1300 年祭」マスコット誕生、名前も募集中	18:51:16
		奈良「平城遷都 1300 年祭」マスコット誕生、名前も募集中	18:53:59
8:00	9:55	前回放送のおさらい「奈良・平城遷都 1300 年祭　マスコットに賛否両論」	8:00:00
5:30	8:30	奈良「平城遷都 1300 年祭」のキャラクター、市民から"かわいくない"	7:27:25
11:00	13:00	奈良「平城遷都 1300 年祭」のキャラクター、市民から"かわいくない"	11:16:40
16:54	18:55	奈良「平城遷都 1300 年祭」マスコットキャラに批判	17:01:23
		奈良「平城遷都 1300 年祭」マスコットキャラに批判	17:04:04
5:30	8:30	奈良「平城遷都 1300 年祭　マスコットキャラクターに県民が"待った"	7:06:32
		8 時またぎ「奈良・平城遷都 1300 年祭　ご当地キャラクターに異論反論」	7:55:54
11:00	13:00	奈良・平城遷都 1300 年祭　マスコットキャラクターで大もめ	12:33:25
		奈良・平城遷都 1300 年祭　マスコットキャラクターで大もめ	12:39:56
5:25	8:00	奈良・奈良市　平城遷都 1300 年祭、マスコットキャラクターに賛否両論	5:25:00
		奈良・奈良市　平城遷都 1300 年祭、マスコットキャラクターに賛否両論	5:26:52
		奈良・奈良市　平城遷都 1300 年祭、マスコットキャラクターに賛否両論	7:07:38
8:00	9:55	奈良・奈良市　平城遷都 1300 年祭マスコット、市民から批判噴出	8:39:45
		奈良・奈良市　平城遷都 1300 年祭マスコット、市民から批判噴出	9:02:03
		奈良・奈良市　平城遷都 1300 年祭マスコット、市民から批判噴出	9:06:38
11:24	13:05	ニュース眼力 OH！「奈良・平城遷都 1300 年祭　マスコットキャラ論争」	12:52:31
		ニュース眼力 OH！「奈良・平城遷都 1300 年祭　マスコットキャラ論争」	12:55:25
9:55	11:25	夕刊ワセダ「奈良・平城遷都 1300 年祭　マスコットに批難の嵐」	11:07:27
5:20	8:00	奈良・平城遷都マスコット　クレーム 1000 件	5:47:56
4:25	8:00	平城遷都イベント PR キャラ　バッシングで注目度 UP	7:56:23
7:30	9:25	奈良・平城遷都 1300 年祭　マスコットキャラクターに批判続出	7:47:02
9:29	10:55	コレ変 NEWS「奈良　平城遷都 1300 年祭、マスコットに批判噴出」	10:13:46
5:30	8:30	奈良・平城遷都 1300 年記念マスコット　不評で反対署名活動	7:07:51
16:53	19:00	奈良・平城遷都 1300 年記念マスコットキャラ　撤回求め署名運動	17:27:17
		奈良・平城遷都 1300 年記念マスコットキャラ　撤回求め署名運動	17:30:23
4:00	5:20	気になる NEWS「奈良　平城遷都 1300 年祭のキャラクターで論争」	5:07:48
4:25	8:00	奈良・平城遷都 1300 年祭　マスコットキャラクターに賛否両論	5:23:47
		奈良・平城遷都 1300 年祭　マスコットキャラクターに賛否両論	5:46:04
21:00	22:00	奈良・平城遷都 1300 年祭　マスコットキャラクターのデザインに批判の声	21:31:17
8:00	9:55	奈良　平城遷都マスコット騒動、賛否両論	8:46:39
16:53	19:00	奈良・平城遷都 1300 年祭　マスコットキャラクター愛称募集に応募殺到	17:49:43
		奈良・平城遷都 1300 年祭　マスコットキャラクター愛称募集に応募殺到	18:08:09
		奈良・平城遷都 1300 年祭　マスコットキャラクター愛称募集に応募殺到	18:12:44
5:30	8:30	奈良・平城遷都 1300 年祭　荒井知事、問題のマスコットを支持	7:05:23
		奈良・平城遷都 1300 年祭　荒井知事、問題のマスコットを支持	7:08:13
		奈良・平城遷都 1300 年祭　マスコットの名前募集、締め切り	8:28:59
4:00	5:20	おは通信「奈良　平城遷都 1300 年祭キャラの愛称に 15000 件応募」	5:07:02

出典：荒木・田口（2008）出稿時間に関してはニホン

換算金額集計例

出稿終了	出稿時間	秒	時間区分	単価 15 秒	広告換算金額	備考
9:12:01	2分22秒	142	B	3,690,000	¥34,932,000	
9:16:28	2分57秒	177	B	3,690,000	¥43,542,000	
17:10:35	13秒	13	B	2,350,000	¥2,036,667	
17:17:24	4分49秒	289	B	2,350,000	¥45,276,667	
8:54:54	7分56秒	476	B	2,790,000	¥88,536,000	
10:07:23	2分15秒	135	C	300,000	¥2,700,000	関東ローカル
18:51:29	13秒	13	S	520,000	¥450,667	関東ローカル
18:55:52	1分53秒	113	S	520,000	¥3,917,333	関東ローカル
8:01:39	1分39秒	99	B	2,790,000	¥18,414,000	
7:28:21	56秒	56	B	3,310,000	¥12,357,333	
11:20:45	4分5秒	245	C	2,125,000	¥34,708,333	
17:02:03	40秒	40	B	1,860,000	¥4,960,000	
17:10:44	6分40秒	400	B	1,860,000	¥49,600,000	
7:09:11	2分39秒	159	B	3,430,000	¥36,358,000	
8:09:01	13分7秒	787	B	3,310,000	¥173,664,667	
12:37:56	4分31秒	271	特B	5,455,000	¥98,553,667	
12:43:46	3分50秒	230	特B	5,455,000	¥83,643,333	
5:25:10	10秒	10	D+C	1,835,000	¥1,223,333	
5:27:23	31秒	31	D+C	1,835,000	¥3,792,333	
7:11:29	3分51秒	231	D+B	3,160,000	¥48,664,000	
8:39:52	7秒	7	D+B	3,160,000	¥1,474,667	
9:05:08	3分5秒	185	D+B	3,160,000	¥38,973,333	
9:09:15	2分37秒	157	D+B	3,160,000	¥33,074,667	
12:53:24	53秒	53	特B	4,920,000	¥17,384,000	
13:00:59	5分34秒	334	特B	4,920,000	¥109,552,000	
11:08:04	37秒	37	C	300,000	¥740,000	関東ローカル
5:49:03	1分7秒	67	C	1,975,000	¥8,821,667	
7:59:12	2分49秒	169	C	3,430,000	¥38,644,667	
7:50:17	3分15秒	195	C	2,125,000	¥27,625,000	
10:14:06	20秒	20	B	420,000	¥560,000	関東ローカル
7:08:48	57秒	57	B	3,430,000	¥13,034,000	
17:28:23	1分6秒	66	B	2,640,000	¥11,616,000	
17:33:55	3分32秒	212	B	2,640,000	¥37,312,000	
5:09:09	1分21秒	81	C	1,405,000	¥7,587,000	
5:23:59	12秒	12	C	870,000	¥696,000	
5:49:27	3分23秒	203	C	870,000	¥11,774,000	
21:35:52	4分35秒	275	A	8,407,500	¥154,137,500	民放4局フルネットを単純平均
8:51:25	4分46秒	286	B	2,790,000	¥53,196,000	
17:49:50	7秒	7	B	3,610,000	¥1,684,667	
18:08:23	14 秒	14	特B	5,755,000	¥5,371,333	
18:16:00	3 分 16 秒	196	特B	5,755,000	¥75,198,667	
7:05:33	10 秒	10	B	3,430,000	¥2,286,667	
7:09:59	1 分 46 秒	106	B	3,430,000	¥24,238,667	
8:29:15	16 秒	16	B	3,310,000	¥3,530,667	
5:07:42	40 秒	40	C	1,405,000	¥3,746,667	
28番組(1時間52分2秒)		6,722		合 計	¥1,469,590,167	

モニター提供資料より、広告換算金額は筆者作成

るため他地域のローカルニュースや番組を集計する場合はレコーダーで録画・集計しなければならない。

番組の集計という一番費用や負担がかかる作業が終わり、次の作業は、放送番組のエリア確認である。キー局から全国に放送されている番組でも一部の地域では放送されないものや他の系列放送局で放送されていたり、地方制作番組でも全国の放送局で放送されているものなどさまざまである。全国ネットで放送されているワイドショーやニュース番組でローカルニュースに切り替わる場合もある。それらを網羅しているのが毎月発行されている TBS グロウディア発行の『月刊全国番組対照表』である。ただし、全国番組対照表は NHK や広域圏 U 局の番組放送エリアは掲載されていないので、広域圏 U 局の番組で放送エリアがわからない場合は制作局だけにとどめたり、NHK の番組は実際に番組を視聴してエリアを判断するなど注意が必要である。

最後の作業である広告料金への変換は、主に2通りある。1つは GRP 単価（視聴率1％当たりの広告単価）という指標であるが、費用面や資料の入手性に問題がある。そこでもうひとつの方法で、かつ新聞の計測方法で紹介した同様の理由から、日本広告業協会発行の『放送広告料金表』を使うほうが良いだろう。放送広告料金表には時間帯による料金体系が示され、タイム料金とスポット料金が示されている。両者の違いについて日本広告業協会(2020) によると、タイム (CM) 料金は番組本編を提供する形態で放送されるテレビ番組提供広告の料金であり、その特性として提供クレジットの表示による認知促進や、安定した番組提供による予告性の支援、時

間帯を指定して視聴者層を絞り込みターゲット層が良くなることの3つがあげられる。一方、スポット（CM）料金は番組開始の直前や終わり、番組と番組の間や、番組中の生CMなどさまざまであり、放送局が編成する時間枠に集中してCMが放送される場合もある。その特性として投入時期や投入エリアをその都度自由に決定でき、複数の時間帯ゾーンや複数の曜日を巧みに組み合わせる「グロス」コントロールで出稿者に最適な形態を模索できることがあげられる。

こうした特性の違いからメディアが放送の可否を決定し不定期・不特定に放送されるパブリシティを広告料金に換算する場合スポット料金での適用が適当であると思われ、荒木・田口（2008）でもスポット料金を採用した。さらに全国番組対照表から放送されているすべての放送局の料金を適用してテレビの広告換算金額を集計・計算した。集計の事例として荒木・田口（2008）より**表1.2**を示すが、対象事例および期間は**表1.1**と同じである。

公共放送のため広告料金が存在しないNHKを広告換算金額に含める場合、全国放送の場合民放4系列（JNN・NNN・FNN・ANN）のスポット料金の平均値を計算したり、ローカル放送の場合は該当地域の放送局の平均広告料金を求めるなどの工夫が必要である。

1.4.3 Web・ネット記事

広告換算金額で多くの部分を占めるのがテレビ番組であるが、電通広報オフィス（2022）によると[11] 2021年の広告費でインターネット広告費が、新聞・雑誌・ラジオ・テレビの

マスコミ 4 媒体広告費を初めて上回り、ネット広告へ移行しつつあることがわかる。ニホンモニターのサイト [12] に掲載されている広告換算の計算方法はページ数や文字数ではなくページビューが指標となっている。広告換算額の算出式は次の通りである。

　算出式：*WEB 広告換算額＝ページビュー ^0.3167 × 10^3.4694*
（2022 年の回帰式、毎年 4 月に更新、ニホンモニターのサイト [13] より）

　自前で計算するためには統計学・回帰分析の知識や関連データの収集などが必要であり、時間と費用がかかるため外注するほうが効率的であると考えられる。一方で、低予算では外注による調査費用が確保できない事態も予想され本節の趣旨である安価で簡単に測れることから外れてしまう。Web 記事における広告換算はますます重要になりつつあるものの金銭的課題は解消しづらい状況である。

1.4.4　広告換算金額の外注と内製化

　広告換算金額の測定の一番の問題は、収集するメディアの対象・範囲と調査のための金銭的・労力的負担とのバランスである。広告換算金額は広告料金と掲載されたもので成り立ち、看板やネット広告、CM、新聞広告などさまざまなメディアがありその数だけ広告料金が存在する。該当するすべての掲載物を集計して金額に換算するは集計のためのコストがかさみ現実的でない。

　作業の一切を外注することで、前項で計算方法を紹介しなかったメディアである雑誌やラジオも集計され、自前で

計算しづらいネット広告も計測されるなど主要な範囲の広告換算金額をカバーできるが、対象範囲を拡大すればするほど費用はかさみ、集計される広告換算金額の増加は小さくなっていき非効率なものとなっていく。そもそも本章ではパブリシティ効果を取り上げ、それは「報道」の中で無料で取り上げられる広告の利点を解説しており、一方でそれを数値化するために広告換算金額の測定に多額の費用をかけることは本末転倒である。外注することを否定しないが、予算が潤沢に使えない小さな企業や地方自治体にとっては広告費だけでなく、広告換算金額を計算する費用も計上しづらい。

　かといって広告換算金額をすべて自前で行う、いわゆる内製化を行うのもコストがかかりすぎる。自前で番組を録画して集計するために全番組録画レコーダーを購入したり、すべてのサイトや番組録画を閲覧することは時間的にも人件費の観点からも現実的でない。番組集計や Web の集計・広告換算などの一部を外注化することで調査費用を最小にできるだろう。広告換算金額に限らず調査費用とその精度はトレード・オフである。ゆえに、予算や用途によって外注と内製を使い分けるべきである。こうした比較的低コストな方法で新聞とテレビの広告換算金額の測定にかかる費用は、筆者が集計・測定した当時の費用では広告換算金額の集計期間が 1 週間では約 3 万円、1 か月だと約 10 万円であり費用のほとんどがテレビの集計である。さらに全番組録画レコーダーの購入費用、新聞の集計には図書館への交通費や人件費・労力がかかるが、これらは上述の金額には参入していない。これらの金額が高額か否かの感想は人それぞれであるが、アンケー

トの実施よりははるかに低費用・低負担であるといえる。

　最後に内製化による費用面以外のメリット・副次的のメリットとして金丸（2018）の事例を紹介・引用する。金丸（2018）によると、食のブランド化で地域振興を行うために試食会を行う場合、関係者だけでなく、メディア関係者を呼びプロモーション紹介している。役所にはメディアのリストがありそのリストを使って趣旨を事前に説明することで訴求効果が高いものとなる。また地域のメディアは地元のことを応援してくれ、さらに伝手があれば地元以外のメディアにも呼びかけて発信力を高めることをすすめている。

　こうしたプロモーションの仕組みを紹介する中で、安易に広告代理店に頼らず、地元のメンバーが中心となってプロモーションを行うことで人を育ててノウハウが蓄積されていくと金丸（2018）は説明している。さらにプロモーションによって掲載されたメディアをファイルにまとめて整理し、広告料金に換算することが大切であり、費用対効果やプロモーションの効果がわかりやすくなると金丸（2018）は主張している。

　この事例を広告換算金額の測定の観点から説明すると、取材したメディアからあらかじめ記事の掲載日や放送日時の情報がわかったり、新聞社によっては取材協力のお礼として記事が掲載された新聞が後日送られることがある。そして放送日時がわかれば録画予約ができるので番組の収集は簡単となる。そして広告料金表などを参照して広告換算金額を計算するだけなので、自前で計算するほうが安上がりで負担は少ない。簡単な作業でかつ計算することで単に「あるメディア

に掲載されました」と店頭やサイトの PR に使うだけではなく、プロモーションの成果やインパクトという結果の検証が可能となり、次のプロモーションへの反映・改善が期待できる。

1.5　広告換算金額の問題点と利点

　こうして測定された広告換算金額は、受け手の反応を示したものではないことや、実際に支払われるあるいは使用される広告料金ではないという批判や問題点は存在する。また新しいネット広告の形態に対応していないという疑問や批判もあるだろう。

　ニホンモニターのサイト [14] では「「広告換算の算出結果」が、「広告効果」と等価ではありません」と広告換算金額の限界を説明しているものの、「広告費という「消費者の目に触れる可能性の高さ」を重みづけして価値換算し、メディア露出効果を定点観測する指標として用います。」と説明している。例えばテレビの場合、その広告料金は時間帯や番組の視聴率が反映されたもので、視聴者側の接触の度合いもある程度考慮された指標となっている。そのため、発信者の情報に完全に依存した一方的な数値という批判は当たらない。しかし、実際の視聴率ではなく、さらに報道内容の認知度までに踏み込んだものではないため間接的な測定と言わざるを得ないのも確かである。それでもニホンモニターのサイトで「依然としてポピュラーな手法」「多くのお客様が長く使用している測定手法」と謳っている理由として、広告換算金額が

数値化したものであり金額表示されたものであるという特徴
があげられる。

　まず広告換算金額の利点を経済学の視点から説明すると、
貨幣の機能における価値の尺度機能から説明できる。財・
サービスの価値を貨幣や金額に変換することで、金額の大小
でさまざまな価値が比較可能となり、円滑な経済活動を行う
には不可欠な機能である。広告換算金額、つまり広告料金と
して発生したら支払ったであろう金銭的費用を、成果・効果
と見立てることでイベントの開催事業費などの費用と比較す
ることができる。こうした比較をすることで地域イベント・
ご当地キャラクターの知名度向上の成果が評価可能となる。

　もうひとつの広告換算金額の利点を統計学の視点から説明
すると数で数えられる定量的なデータであるということであ
る。掲載面積・掲載時間など異なる単位を金銭に置き換える
ことで計算や集計・比較が可能である。そのため、掲載され
るものであれば何でも数値や金額に置き換えられる。その際
に事故や不祥事などイメージダウンを金額に換算しても意
味がないとの批判もある。しかし、定量データである広告換
算金額は良し悪し・好き嫌いに関係なくメディアで発信され
た記事を収集し、掲載面積・時間を測り広告単価を用いて金
額に換算する中立的な指標であり、広告換算金額の指標では
話題の賛成・不賛成、ポジティブ・ネガティブを測ることは
できない。賛成・不賛成、ポジティブ・ネガティブは本来数
で数えることができない定性的なデータだからである。その
ため広告換算金額に代わる定性的なデータで内容や賛否を測
るべきである。荒木・田口（2008）ではブログのテキスト分

析を行いポジティブ率と併用することを提案しているが、近年では SNS の分析ツールや閲覧数、高評価数、低評価数などの指標があげられる。受け手の感想や意見は数で数えることができない定性的なデータであるが、高評価数（「いいね」の数）や低評価数のようにさまざまな感想を良い・悪いやポジティブ・ネガティブとカテゴリー化して、実務上定量的なデータに変換したものもある。つまり、広告換算金額の特性や限界、指標や「ものさし」の性質や特性を知り、別の「ものさし」・指標と使い分ける必要がある。

1.6　おわりに

　パブリシティ効果は広告料金を払わず「報道」として取り上げてもらうことによってさまざまな PR を行うことができ、特に財政難で限られた予算で地域活性化を行う地方自治体のまちづくりや地域振興には必要な手段であり、その成果を広告換算金額で明示できる。さらに広告換算金額はメディアの掲載量を定量的で比較可能な金銭に置き換えられるという利点があり、他の費用と比較が可能となる。また複数の指標の 1 つとして用いることで地域イベントなどの地方自治体の政策効果検証に活用できる。

　本章では解説できなかったが、近年のスマートフォンの普及と ICT 技術の進歩や、ブログから SNS へ移行したり、投稿サイトや動画サイトの人気が数年で移り変わるなど目まぐるしい変化により、受け手・閲覧者の属性や感想などさまざまなデータを容易に取得できるようになっている。こうし

た進歩で新しい「ものさし」・指標も生まれていく中、広告換算金額は金銭という比較可能で人々の興味をひく便利な指標であるがゆえに今後も課題を抱えつつ使用されていくだろう。

　広告換算金額に限らず世の中を測る「ものさし」はさまざま存在し、中でも金銭に測り換える「ものさし」は人々の興味をひきつける魅力的な手段・道具である。体重計で身長を測れないと文句を言う人がいないように、「ものさし」・指標の特性や限界を見極め、測りたい対象をにあった「ものさし」・指標を使って、地域や社会、そして人生に役立てる必要がある。

　最後に、手段や道具、数値は人間の使い方次第で利器にも凶器にもなる。それらに振り回されないように注意していただきたい。

　本章は荒木・田口（2008）および荒木・田口（2010）田口・荒木（2011）において、広告換算金額に関する記述部分・データを基にして大幅に加筆・修正を行ったものである。

謝辞
　私儀ながらこの紙面を借りて申し上げます。

　本章は、荒木・田口（2008）といった荒木長照先生と筆者が共同で執筆した論文を基にしています。往時を思い返すに、その当時筆者は苦境の時期であり、先生には研究面でいろいろと助けていただきました。筆者の今日があるのは先生のおかげであるといっても過言ではありません。ここに記し

て感謝します。

　この度、先生が大阪公立大学を退職されるのはとても名残惜しく思います。しかし「名利に使はれて、閑かなるいとまなく、一生を苦しむるこそ愚かなれ（徒然草第三十八段より引用）」を想起し、晩節を汚さず悠々自適の第二の人生という最高の選択をされること心より祝福いたします。

　これまでお世話になり本当にありがとうございました。

注

1) 朝日新聞、"一番マグロ、競り合う意地　1688万円。「やま幸」が2年連続落札、豊洲市場"。2022年1月5日夕刊。
2) 朝日新聞、"水木しげるロードナンバー1　鳥取県境港市（ぐるり列島）／岡山"、1995年11月19日朝刊より「盗まれてかえって名を高めたが、（略）」とのインタビューがある。1993年に鳥取県境港市に誕生した水木しげるロードは、市が道路整備をして妖怪の銅像を設置した。その直後に銅像が破壊や盗難にあう事件が報道され、それがきっかけとなって知名度の向上につながったといわれている。
3) 経済波及効果について興味がある場合は、国や都道府県が公表する産業連関表のサイトや荒木長照、辻本法子、田口順等、朝田康禎（2017）、『地域活性化のための観光みやげマーケティング―熊本のケーススタディ―』（大阪公立大学共同出版会）などを参照していただきたい。
4) 仮想的市場評価法について詳しく知りたい人は国土交通省（2009）、"仮想的市場評価法（CVM）適用の指針」の策定について"、国土交通省、〈https://www.mlit.go.jp/tec/hyouka/public/090713/090713.html、2022年8月9日参照）などを参照していただきたい。
5) ニホンモニター株式会社、"広告換算"、〈http://www.n-monitor.co.jp/services/AVE、2022年7月31日参照）。
6) 日経テレコン、"記事情報"、〈https://telecom.nikkei.co.jp/guide/menu/article/、2022年7月30参照）。
7) 日経テレコン、"ご利用料金"、〈https://telecom.nikkei.co.jp/price/、2022年7月30日参照）。
8) 脚注5と同じ。
9) 脚注5と同じ。

10) 複数紙に出稿できるように広告原稿制作サイズとして推奨されている
　　 N-SIZE（日本新聞協会推奨制作サイズ）では1段の天地は32㎜あること
　　 から、1段の天地を32㎜と説明している場合もある。
11) 株式会社電通広報オフィス（2022）、"2021年日本の広告費"、（https://
　　 www.dentsu.co.jp/news/release/2022/0224-010496.html、2022年7月31
　　 日参照）。
12) 脚注5と同じ。
13) 脚注5と同じ。
14) 脚注5と同じ。

参考文献

荒木長照，田口順等（2008），"自治体開発キャラクタのパブリシティ効果の
　　 測定―平城遷都1300年祭記念マスコットキャラクタ―"，『経済研究』，
　　 第54巻，第2号，55-70，大阪府立大学.
荒木長照，田口順等（2010），"パブリシティ効果測定における広告換算金額
　　 とブログ分析についての考察～地域活性化の広報戦略に向けて～"，『観
　　 光と情報』，第6巻，第1号，9-20，観光情報学会.
金丸弘美（2018），『地域の食をブランドにする！食のテキストを作ろう』，岩
　　 波ブックレット No.988，岩波書店.
株式会社コミュニケーションデザイン（2022），"【新版】テレビ番組の「広
　　 告換算額」の計算方法"，PRマガジン，（https://blog.cd-j.net/tv-pr/kou-
　　 koku-kansan/，2022年8月22日参照）.
田口順等，荒木長照（2011），"観光・地域イベントの定量的な政策評価"，『経
　　 済政策ジャーナル』，第8巻，第2号，79-82，日本経済政策学会.
田中幸司（2019），"【検証】「すしざんまい」のPR効果を調べてみました　～
　　 3億円のマグロ落札は最高のPRコンテンツ？～"，ビルコム広報の日
　　 記，（https://www.wantedly.com/companies/bilcom/post_articles/
　　 150439,2022年7月30日参照）.
TBSテレビ（2022），『月刊全国番組対照表6月号』，TBSグロウディア.
一般社団法人日本広告業協会（2020），『広告ビジネス入門2002-2021』，日本
　　 広告業協会.
一般社団法人日本広告業協会編集・刊行（2021），『新聞広告料金表〔2021年
　　 版〕』.
一般社団法人日本広告業協会監修・刊行（2021），『放送広告料金表2021』.
ニホンモニター株式会社（2021），"報道量も超ビッグ！日本ハム・新庄新監
　　 督、就任会見から2日間のメディア露出を広告換算すると105億に！"，

　ニホンモニター，(http://www.n-monitor.co.jp/2021/11/08/2135，2022
　年 8 月 20 日参照)．

ニホンモニター株式会社，"広告換算"，(http://www.n-monitor.co.jp/ser-
　vices/AVE，2022 年 7 月 31 日参照)．

平城遷都 1300 年祭記念事業協会 (2011)，"平城遷都 1300 年祭開催効果等に
　ついて"．

宮崎県 (2007)，"宮崎県知事「東国原英夫氏」関連露出調査報告書"．

宮崎県統計調査課 (2010)，"知事就任による経済波及効果の試算について"．

株式会社エム・データ，"TV メタデータとは"，(https://mdata.tv/metada-
　ta/，2022 年 8 月 6 日参照)．

第2章
コンテンツ・デザインの統計分析

2.1 はじめに

　マーケティング・マネジメントでは、想定されるマーケティング戦略を実現させるための戦術的手段が議論される。多くのテキストでは4Pと呼ばれている4つの戦術が議論されることが多い。すなわち、製品（product）、価格（pricing）、広告宣伝（promotion）、流通（place）に対する施策や対応であることは言うまでもない。これらをいわばツールとして戦略目標を達成するわけである。本章はこれらの分類にしたがえば製品に当たり、本書の文脈で言い換えれば、コンテンツ・デザインがここでのテーマということができる。

　アニメや映画といった作品型コンテンツの場合、コンテンツ・デザインという名が示すように極めてアートに近い分野であり、統計的手法が適応しにくい領域であるが、マーケティング戦術としてコンテンツのデザインを管理する際の知見を統計モデルから得ることで、アートとサイエンスの橋渡しになることを企図している。

　筆者は長年映画の興行収入（Box Office：B.O.）の予測に

結びつく要素を研究してきた。その過程で、アニメーション
映画の興行収入の予測モデル構築のために必要なキャラク
ターの評価モデルの開発をきっかけに、ご当地キャラクター
の研究も並行して行ってきた。そこで、映画とキャラクター
（ご当地キャラクター）を例にとり、消費者の選好やコンテン
ツからの収益に対してデザインのどの要素が統計的に効果
的に結びつきやすいのかを明らかにすることで、コンテンツ
のデザインに知見を与えることを目的としている。

　以下では、まず映画コンテンツの設計図に当たる映画の脚
本に着目する。特にハリウッドでは脚本評価のフォーマット
は完成しており、多くの映画で脚本評価結果がデータとして
利用できる。そこで、映画コンテンツの評価モデルとして脚
本評価データから各変数間の関係を構造化し、映画コンテン
ツと収益の関係を明らかにする。次に、映画のようにはコン
テンツ要素や評価軸が明確でない例として、ご当地キャラク
ターを取り上げ、キャラクター消費者がどのようにコンテン
ツを評価するのかを明らかにしたうえでキャラクターの選好
に結びつくデザイン要素とはどのようなものなのかを明らか
にする。

2.2　映画脚本評価の統計分析

　映画の興行収入の予測に関するマーケティング研究は多数
存在する[1]。近年はこれに加えて、SNS データや人工知能の
登場によりデータの種類と分析手法の種類が増加し研究の数

も大幅に増加する傾向にある。

　しかし映画の興行収入の予測モデルの優劣は、予測精度の高さといかに早期に予測できるかどうかにある点は同じである。早期に予測できるかどうかという意味は、劇場やネットなどでの公開前にどれだけ先駆けて予測できるかという意味である。公開に先駆ければそれだけ市場に対するマーケティング的手段が豊富に利用でき、収入を増加させる可能性が高まるからである。

　本論で分析を試みる映画脚本の評価は映画への投資の意思決定に用いられるデータである。その意味では、公開に最も先駆けた時期に得られるデータといえるだろう。もし、脚本評価と映画の収入の指標である B.O. との関係が統計的に明らかにできれば、早期に当該作品の広告などのマーケティング活動に客観的な一定の知見を与えることができる。

2.2.1　データ概要

　1999 年から 2002 年にかけて日本国内で公開されたハリウッド製作の作品のうち、以下の変数すべてが揃っている 144 作品を対象とした。使用した脚本評価項目は、Premise, Story Line/Plot, Characterization, Dialogue, Final Evaluation の 5 変数で、当時ハリウッドで活動していた数名のプロの脚本評価者が評価を行ったものである。

　この他に各作品の国内興行収入（分析では対数変換値を使用）および対応する上映用のフィルムのダビング費用と広告宣伝費とを合算したデータ（P&A）を使用した。これらのデータは、プレコグ株式会社（東京都新宿区 http://www.

precog.co.jp/）のご厚意で利用させていただいた。ここに記して感謝するものである[2]。

　Katahn（1990）によると、ハリウッドのプロフェッショナルな脚本評価者であるストーリ・アナリストは、脚本を読みカバレッジと呼ばれるレポートを作成する。基本的にカバレッジは、評価表、シノプシス、コメントからなる。シノプシスは脚本のあらすじで、コメントは作品化の価値の有無を評価した文章である。ここで取り上げるのは評価表で、脚本をいくつかの決められた評価項目から、点数などで評価したリストのことである。

　そこで、Katahn（1990）によりながら5つの脚本評価項目を解説してみよう。

　Premise（コンセプト）：これはテーマやコンセプトと呼ばれる。ストーリラインの奥に潜む作り手が伝えたいと考えるメッセージを意味している。評価ポイントは、独自性があるかどうか、価値観や人生の意味を表現しているかどうか、シンプルで刺激的なストーリラインがある、あるいはストーリの深い味わいや独自の雰囲気があるか、である。本データでは good ～ excellent の7件法で評価されている。

　Characterization（キャラクター）：登場人物の開発を評価する項目である。評価ポイントは、登場人物のバックグラウンドがうまく描かれているか、感情とその表現に幅は十分あるか、主人公に行動を決意させるモチベーションが描かれているか、欠点や短所を持っているかどうか、主人公の変化、成長、成熟が描かれているか、首尾一貫した描写になってい

るか、応援したくなるような気持ちにさせるか、生きた人物像にするためのスパイスはあるか、Premise を伝えるための設定は適切かどうか、実際の配役が可能かどうか、などが重要な点である。同じく7件法で評価されている。

　Dialog（セリフ）：評価ポイントは、セリフが実際に人が話すように聞こえるのかどうか、年齢や生い立ち、学歴などにあったセリフかどうか、舞台となる時代や文化などにあったセリフかどうか、人物設定などの設定にマッチしているかどうか、スラングや方言は正しいか、などである。7件法で評価されている。

　Story Line/Plot（ストーリ）：その名の通りストーリに関する評価である。評価ポイントは、ありきたりかどうか、主人公のゆく手を阻む障害物の仕掛けは十分でかつ十分すぎないかどうか、真実味や現実味があるかどうか、サブプロット（例えばアクション映画でのロマンス）は効果的かどうか、観客がストーリに魅せられるフックがあるかどうか、つじつまが合ってるかどうか、である。7件法で評価されている。

　Final Evaluation（最終評価）：作品への投資などを推薦するかどうかの判断が示される。本データでは、pass、consider/pass、consider、recommend の4件法で評価されている。

2.2.2　仮説

　評価項目すべてが均等に B.O. にプラスの効果を持つとは考えにくい。個々の変数間にもさまざまな依存関係が見られるはずである。そういった関係を構造化することは、B.O. の予測にとどまらず、映画の構造を理解することにもつながる

だろう。そこで、評価項目間の因果関係を仮説の形で整理し構造化モデルを構築する。

　まず、Katahn（1990）から要約した上記の記述と映画製作の常識から導かれる事実を合わせると次のような関係が想定できる。すなわち、コンセプトの評価はすべての項目の評価にプラスに働く。キャラクターおよびセリフの評価はストーリの評価にプラスに作用する。最終評価は脚本評価の最終出口であり、脚本項目のこれ以外の項目の評価値に影響されると考えられる。また、この最終評価の高低が映画への投資を左右し、映画の規模にプラスの影響を与えると想像できる。この際規模はプリント数（公開映画館数にほぼ等しい）や広告予算（規模に比例して決定される）に反映され、これらの値が大きいと当然興行収入も増加すると予想される。

　次に、脚本評価項目ごとの相関係数を参考にして、さらに仮説の細部を検討する。相関係数は**表 2.1** となる。コンセプトは他のすべての変数と比較的強い正の相関が認められる。コンセプトは映画の土台であり脚本の出発点といえるので、このコンセプトが映画脚本要素のすべてと強い関係があるのは極めて自然なことであるといえる。前述したように、脚本を構造化する際に、発生する要素間の因果関係の中でコンセプトは原因となる変数と考えて差し支えないと思われる。

　ストーリもすべての変数と強い関係がある。ストーリとコンセプトの関係はすでに述べた通りである。キャラクターとセリフの評価はストーリのリアル感を増し生き生きとしたものにする効果が考えられるので、これら 2 つの変数の評価がストーリにプラスに働くと考えられる。

　表2.1から、セリフとキャラクター間に強い相関が見られる。両者に因果関係があるとすればおそらく、セリフがキャラクターに息を吹き込むと考えるのが自然なので、セリフの評価がキャラクターの評価に働きかけるものと考えられるだろう。その一方で、両者とも最終評価との関係は薄いことがわかる。他の変数を通して間接的に最終評価に影響を与えるものと考えられる。

表2.1　脚本評価項目間の相関係数

	キャラクター	セリフ	コンセプト	ストーリ	最終評価
キャラクター		0.821	0.708	0.769	0.348
セリフ	0.821		0.553	0.671	0.215
コンセプト	0.708	0.553		0.776	0.422
ストーリ	0.769	0.671	0.776		0.437
最終評価	0.348	0.215	0.422	0.437	

　以上の考察を整理しまとめたものが以下の仮説群である。

H1：コンセプトの評価は脚本評価要素すべてにプラスの効果を持つ

H2：セリフの評価はストーリにプラスの効果を持つ

H3：キャラクターの評価はストーリにプラスの効果を持つ

H4：ストーリの評価は最終評価にプラスの効果を持つ

H5：セリフの評価はキャラクターにプラスの効果を持つ

H6：最終評価はP&Aを通して興行収入にプラスの効果を持つ

　この仮説群を概念図にまとめたものが**図2.1**の仮説構成図である。

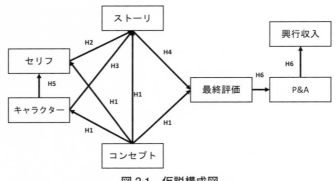

図 2.1　仮説構成図

2.2.3　推定結果

　設定した仮説を同時に検証するには SEM（Structural Equation Modeling：共分散構造モデル）[3)] を用いて分析するのが効率的であり最もポピュラーな方法である。そこで、**図 2.1** をパス図に描き、パス係数を IBM SPSS の Amos 26 を用いて推定する。

　推定の結果、モデルの適合度は**表 2.2** の通りで、許容範囲内にあるといえる。

表 2.2　モデルの適合度

GFI	AGFI	CFI	RMSEA
0.971	0.925	0.993	0.054

　パスの推定値は**表 2.3** の通りである。コンセプトから最終評価へのパスが 10％有意と若干弱いが、他のパスはすべて 5％有意となり、おおむね仮説はすべて成立したと見なせる。

表2.3 推定結果

パス			推定値	標準化係数推定値	標準誤差	検定統計量	確率
セリフ	←	コンセプト	0.658	0.553	0.083	7.937	***
キャラクター	←	コンセプト	0.448	0.366	0.059	7.558	***
キャラクター	←	セリフ	0.634	0.618	0.05	12.742	***
ストーリ	←	コンセプト	0.61	0.474	0.083	7.372	***
ストーリ	←	キャラクター	0.314	0.298	0.099	3.177	0.001
ストーリ	←	セリフ	0.179	0.165	0.086	2.08	0.038
最終評価	←	コンセプト	0.185	0.208	0.105	1.762	0.078
最終評価	←	ストーリ	0.19	0.276	0.081	2.339	0.019
P&A	←	最終評価	50.748	0.227	18.232	2.783	0.005
興行収入	←	P&A	0.006	0.865	0.006	20.574	***

　また、表には記述していないが、興行収入の重相関係数の平方は0.747であり、予測能力も低くはない。

　標準化総合効果を計算したものが**表2.4**である。興行収入から見た脚本評価という視点からは、最終評価の値、コンセプト、ストーリ、セリフ、キャラクターの順に効果が高いことがわかる。

表2.4 標準化総合効果

	コンセプト	セリフ	キャラクター	ストーリ	最終評価	P&A
セリフ	0.553	0	0	0	0	0
キャラクター	0.708	0.618	0	0	0	0
ストーリ	0.776	0.349	0.298	0	0	0
最終評価	0.422	0.096	0.082	0.276	0	0
P&A	0.096	0.022	0.019	0.063	0.227	0
興行収入	0.083	0.019	0.016	0.054	0.196	0.865

2.2.4　追加モデル

　図2.1のモデルは、最終評価→ P&A →興行収入というパスを想定している。このモデルはコンテンツの良し悪しは興行収入を直接左右するのではなく、規模に影響を与えその意思決定を媒介にして興行収入が決まるというモデルである。

　この部分を最終評価→興行収入、P&A →興行収入としたモデル、すなわち最終評価は興行収入に直接影響し、P&Aも独立に興行収入に影響するというモデル（図2.2）をここで推定してみよう。この追加モデルは、コンテンツに関する評価と広告などの経営的意思決定とが並行して収入に影響を与えるというモデルである。その結果のうち適合度を表2.5に示している。

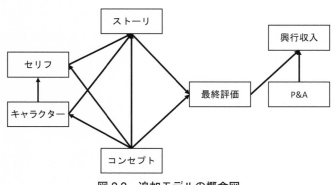

図2.2　追加モデルの概念図

表2.5　追加モデルの適合度

GFI	AGFI	CFI	RMSEA
0.96	0.898	0.982	0.087

　適合度では、**図 2.2** の追加モデルは**図 2.1** の仮説モデルを代替することはできないことがわかる。仮説で想定したように最終評価が規模にプラスに働き P&A に影響しその結果興行収入が決まるというモデルの説明力が上回り、コンテンツと経営判断が並列的に収入に影響するというモデルを退けている。つまり、コンテンツの良し悪しは規模や広告投入といった経営判断に先行するということを意味しており、できの悪いコンテンツに広告を投入することの正当性は低いことを意味しており、コンテンツ・デザインがいかに重要かを物語っていると考えられる。

2.2.5　映画消費者の反応

　脚本評価はあくまでも映画供給者の評価項目にすぎない。マーケティングの立場としては、映画消費者が脚本をどのように評価しているのか、鑑賞行動に結びつくような脚本の評価項目とはいかなるものなのかについて知る必要がある。しかしながら、消費者に脚本をいきなり評価してもらうのはあまり現実的ではない。そこで、前述の脚本評価項目間に関して得られた統計的関係が、映画消費者の映画コンテンツに対する態度とうまく合致しているのかを見ることで、映画消費者からの視点を確認できる。

2.2.6　アンケートデータ

　株式会社クロス・マーケティングのネットモニターを用いて、映画脚本評価指標に対する消費者の態度調査を 2021 年 12 月 7 〜 8 日に実施した。全国 20 〜 88 歳の男女で、平均

年齢は 54.8 歳である。直近 1 年間で 10 本以上の映画を劇場で鑑賞した 500 サンプルを対象とした。新型コロナウイルス感染症以前に劇場鑑賞数が月 1 〜 2 回の人が半数近くいるいわゆるヘビーユーザーたちである。これは脚本というマニアックな部分に関する質問であるため、ある程度消費経験の

表 2.6　評価因子と質問項目

因子	質問内容
コンセプト	独自性がある作品だと思う
	価値観や人生の意味を表現している作品だと思う
	シンプルで刺激的なストーリラインがある作品だと思う
	ストーリの深い味わいや独自の雰囲気がある作品だと思う
キャラクター	登場人物のバックグラウンドがうまく描かれている作品だと思う
	登場人物の感情とその表現に幅が十分ある作品だと思う
	主人公に行動を決意させるモチベーションが十分描かれている作品だと思う
	主人公が持つ欠点や短所を十分描いている作品だと思う
	主人公の変化、成長、成熟が十分描かれている作品だと思う
	主人公は首尾一貫した描写になっている作品だと思う
	主人公は応援したくなるような気持ちにさせる
	生きた人物像にするためのスパイスがきいている作品だと思う
セリフ	セリフが実際に人が話すように聞こえる
	セリフが年齢や生い立ち、学歴などに合っている
	セリフは舞台となる時代や文化などにマッチしている
	セリフが人物設定などの設定にマッチしている
	スラングや方言が適切に使用されている
ストーリ	ストーリがありきたりな作品だと思う
	主人公のゆく手を阻む障害物の仕掛けは十分でかつ十分すぎない作品だと思う
	真実味や現実味がある
	サブプロット（例えばアクション映画でのロマンス）は効果的な作品だと思う
	観客がストーリに魅せられるフックがある作品だと思う
	つじつまが合ってる

ある消費者を回答者として必要とするからである。

　測定項目は、Face データ、映画脚本評価項目それぞれに関する質問、劇場での映画鑑賞数、DVD およびブルーレイでの鑑賞数、有料配信サービスでの鑑賞数である。

　これらのうち、脚本評価項目に関しては Katahn（1990）の各評価項目、すなわちコンセプト、キャラクター、セリフ、ストーリに対する説明部分から文章を抜き出し、表 2.6 のような映画脚本の評価に関する質問票を作成した。

　回答者には過去の鑑賞で評価の高い作品を思い浮かべてもらい、その作品に関して、それぞれの脚本に関する質問に 7 件法で答えてもらう形式とした。得られたデータを確認的因子分析と回帰分析とを含む SEM によって図 2.1 に対応するモデルを構成し、統計的な当てはまり具合によって、映画消費者から見た脚本評価モデルの妥当性を検証する。ただし図 2.1 の変数のうち最終評価（投資の可否）、P&A、興行収入は消費者には回答できないので、これらはモデルには含めず劇場での鑑賞回数を最終評価の代わりに用いた。P&A および興業収入は無視した。

2.2.7　モデルの推定結果

　Amos 26 を用いて推定を行った。モデルの適合度は表 2.7 の通りでおおむね満足のできる結果となっている。因子間の因果関係である構造方程式部分の推定結果が表 2.8 にある。因子分析に当たる測定方程式は紙面の関係で省略したが、すべてのパスは 5% 有意であった。

　コンセプトから鑑賞頻度が有意でないが、それ以外はすべ

表2.7　モデルの適合度

GFI	AGFI	CFI	RMSEA
0.87	0.839	0.908	0.075

表2.8　主な推定結果（構造方程式のみ）

パス		推定値	標準化係数推定値	標準誤差	検定統計量	確率
セリフ	← コンセプト	1.172	0.765	0.097	12.09	***
キャラクター	← セリフ	0.305	0.358	0.048	6.309	***
キャラクター	← コンセプト	0.813	0.624	0.093	8.721	***
ストーリ	← セリフ	0.26	0.324	0.057	4.565	***
ストーリ	← キャラクター	0.816	0.867	0.135	6.051	***
ストーリ	← コンセプト	−0.326	−0.265	0.149	−2.19	0.028
鑑賞頻度	← ストーリ	0.334	0.202	0.156	2.135	0.033
鑑賞頻度	← コンセプト	−0.362	−0.179	0.194	−1.868	0.062

て5%有意となった。コンセプトからストーリのパスが有意ではあるが負値となり、脚本評価モデルとの違いが発生している。コンセプトは消費者にはわかりにくい部分であるので、若干あいまいな評価となったものと考えられる。

　モデル自身は満足できる適合度を有しており、映画消費者から見た脚本評価の構造化とは矛盾がないものと考えることができる。

2.2.8　映画コンテンツのまとめ

　脚本評価項目を構造化することができた（**図2.1**）。追加モデルとの比較で、コンテンツの評価が経営意思決定に先行するモデルのほうが説明力が高いことがわかった。また、映画

消費者の脚本評価に対する態度も評価システムと矛盾がない
ものであることが確認できた。本論で用いた作品はすべて映
画化された作品であり脚本である。映画化されない多くの脚
本の情報はここでは登場しないことに注意すべきである。

2.3　ご当地キャラクター・デザインの統計分析

　劇場映画の公開前のグロス興行収入を予測する際には、映
画作品の特徴を表す属性変数や広告などの経営施策に関する
変数などのデータを予測変数として用意し、それぞれの変数
の興行収入への効果を統計的に推定することが行われる[4]。

　例えば、実写映画の場合には主演や助演俳優の集客力は重
要な変数である。これは過去の出演作品の興行収入などから
推定することができる。また、前節で議論した脚本が持つ力
や続編であるかどうか、原作の集客力、ジャンルなどが映画
の属性変数として考えられ、さらに、広告投下量や公開時
期、公開チャネルなどが経営の戦略変数で予測変数として考
えられる。

　一方、アニメ映画の場合には俳優の集客力に当たるものは
キャラクターの価値と考えるのが自然であるが、その価値を
どのように測定すればよいのかは大きな問題である。続編で
あれば同じキャラクターが登場するので、主演俳優の価値と
同様に推定できる可能性はあるが、多くの場合はいちから価
値測定をしなければならない。そのためには、キャラクター
一般に共通する属性をまず明らかにし、属性ごとに評価する
ことでキャラクターの価値を推定する必要がある。

　そこで、本節ではコンテンツ・デザインの2つめの例として、キャラクターの属性をキャラクター消費者の視点から統計的に明らかにした例を紹介する。さらに、得られた評価尺度を用いてキャラクター・デザインと選好の関係を統計的に明らかにする。ここではアニメのキャラクターではなく、最近調査研究を行ったことのあるご当地キャラクターを例にとる。

　さて、ご当地キャラクターはご当地ゆかりの産物や人物、風景、歴史などを擬人化してデザインされる[5]が、世界観や物語性が明確に想定されることは希である。アニメの場合は明確な物語が存在し、キャラクターの作品の中での役割が与えられるので、おのずとキャラクターが纏うべきパーソナリティも明確に設定される。しかし、ご当地キャラクターの場合はパーソナリティも外見デザイン同様提供側でデザインする必要がある。もっとも、すべてのご当地キャラクターのパーソナリティが意図的にデザインされているかは定かではないが。

　荒木（2021）によると、ご当地キャラクターに接触したキャラクター消費者が知覚するキャラクターのパーソナリティが、それに対する選好や好意的な態度の形成に強い関係があることが明らかになっている。そこで、本節では、ご当地キャラクターの知覚パーソナリティ[6]（以下パーソナリティ）と外見デザイン（以下デザイン）と選好の関係を明らかにする。

2.3.1　分析手法

　パーソナリティに関しては、荒木（2016）、荒木（2017）、荒木（2021）の手法を踏襲し、消費者に対するアンケート上で評定尺度を用いて評価してもらう。得られた結果を因子分析により 5 因子に集約し、それぞれのキャラクターのパーソナリティとする。

　外見デザインに関しては荒木（2021）により、選定した 8 体のうち 2 体ずつのイラストを実際に見せたうえで、どのキャラクターとどのキャラクターがデザインで類似性を持つかアンケートによって収集する。得られたキャラクター間の類似データに対して、個人差 MDS[7] を用いて統計処理することで、多くの人がキャラクターのデザインで相違があると認識する 4 つの軸を得る。

　以上の分析からそれぞれのキャラクターごとに、パーソナリティを表す 5 変数およびデザインの違いを表す 4 変数が得られる。これらの変数とキャラクターそれぞれに対する選好度の合計 10 変数の関係を、映画の脚本評価モデルと同様に SEM を用いて統計的に以下では明らかにする。

2.3.2　刺激素材

　野澤（2020）はご当地キャラクターの SNS による情報発信とファンとの関係性を分析している。その中でご当地キャラクター 58 体に対する認知率データを収集している。そこで、これらのうち、ご当地居住者および全国の認知率が最も低い 8 体を刺激素材とする [8]。知名度の高いキャラクターの場合、消費者は複数の経路から多くの露出を受けておりデザ

表 2.9　刺激素材のキャラクター一覧

キャラクター番号	名前	出身地	認知率	特徴
1	ねり丸	東京都練馬区	2.0%	おむすび型の白くて大きな頭の上にアンテナとゴーグルを身につけている。かわいい系。
2	すいたん	大阪府吹田市	1.0%	ご当地名物くわい型の頭。くわいの芽が長くそびえる。黄色のサロペットを身につける。元気なイメージ。
3	おづみん	大阪府泉大津市	0.6%	毛布工場で生まれた妖精。白くて丸い大きな頭が特徴。全体がふわふわの羊毛でおおわれている。かわいい系。
4	しろまるひめ	兵庫県姫路市	3.0%	頭と胴体が一体の白いお団子のような形で、頭の上には天守閣をのせている。かわいい系。
5	イーサキング	鹿児島県伊佐市	0.9%	トランプ札のキングに似ていて大きな頭で、色調は黒と黄色が目立つ。不気味系。
6	カツオ人間	高知県	7.0%	ご当地名物のカツオの大きなぶつ切り頭を、ふんどしを締めた黒い胴体の上にのせている。不気味系。
7	つるゴン	埼玉県鶴ヶ島市	0.8%	頭と胴体が緑色で頭のてっぺんが赤く印象的なドラゴン。角は紅白でめでたいイメージ。
8	えび～にゃ	神奈川県海老名市	3.1%	大きな丸い頭にえびの被り物。胴は小さくイチゴをデザイン。全体に赤色が基調となっている。

イン以外のさまざまな情報にその選好度合いが影響されていることが多い。本節はデザインおよびパーソナリティとキャラクターへの選好の関係を明らかにすることが目的であるので、できるだけ知名度の高いキャラクターを排除してデザイン以外の影響を少なくすることが必要と判断した。

　また、MDS は一対比較を行うので対象が1つ増えると回答での被験者への負担が大きくなる。そこで、認知率に加え回答者の負担も考慮して、**表2.9** にある8体のご当地キャラクターを調査対象に選定した。

2.3.3　調査概要とデータ

　クロス・マーケティングのネットモニターを用いて、ご当地キャラクターのデザインなどに関するネット調査を 2021

年 1 月 7 〜 10 日に実施した。全国 20 〜 70 歳の男女をほぼ均等に割りつけた 1100 サンプルが収集できた。測定項目は、Face データ、すべての刺激素材キャラクターの認知度、ご当地キャラクター一般の好意度、ご当地キャラクターにかかわる活動の種類、すべての刺激素材に対する選好、あらゆる刺激素材相互間の類似度による近接度、すべての刺激素材に関するパーソナリティ評定尺度である。ご当地キャラクターに対する好意度では好き嫌いの 7 件尺度で、「どちらでもない」を選択する人が一番多く、ほぼ左右対称な分布で偏りのないデータといえる。

2.3.4　パーソナリティ

　ご当地キャラクターに対する知覚パーソナリティの評定尺度は**表 2.10** の通りである。アンケートではそれぞれに 7 件法で回答してもらっている。この尺度によって収集したデータを因子分析（主因子法、バリマックス回転）により 5 因子が抽出できた。説明力は 5 因子累計で 61.7％で満足できる水準である。各因子は、荒木(2016)、荒木(2017)、荒木(2021)とほぼ同様に、親しみやすさ、開放性、粗忽、幼児性、個性的の 5 軸と解釈できた。

　親しみやすさはご当地キャラクターとしては必須のパーソナリティで親しみやすい、愛される、癒されるなどをその意味として内包している。開放性は努力家、頭が良い、一生懸命などひたむきな姿勢を感じることができ誠実なイメージのパーソナリティである。粗忽は騒がしい、落ち着きがない、やんちゃなどにより解釈され、ポジティブに考えれば元気が

良くアクティブなイメージと言い換えることもできる。幼児性は、無口、控えめ、おとなしいなどあまり前に出ないイメージである。最後の個性的は、自由で細かいことを気にせず、個性的な性格でマイペースでおっとりしたパーソナリティと解釈できる。

回答者の負担を考慮して、8体のうちランダムに1体を回答者に割り当てて、割り当てられたキャラクターに対して評定尺度でパーソナリティを測定した。さらに回帰法で得られたそれぞれのパーソナリティ軸の因子得点をキャラクターのパーソナリティごとに平

表2.10　パーソナリティ測定尺度

No.	評定尺度
1	おとなしい人だと思う
2	個性的な人だと思う
3	がんばりやだと思う
4	激しい人だと思う
5	愛される人だと思う
6	ゆったりした人だと思う
7	無口な人だと思う
8	おっとりしている人だと思う
9	知的な人だと思う
10	控えめな人だと思う
11	親しみやすい人だと思う
12	細かいことは気にしない人だと思う
13	頭が良い人だと思う
14	一生懸命な人だと思う
15	騒がしい人だと思う
16	真面目な人だと思う
17	努力家だと思う
18	癒される人だと思う
19	自由な人だと思う
20	落ち着きがない人だと思う
21	人なつっこい人だと思う
22	子どもに好かれる人だと思う
23	お調子者だと思う
24	愉快な人だと思う
25	笑顔の人だと思う
26	短気な人だと思う
27	のんびりした人だと思う
28	やんちゃな人だと思う
29	かっこいい人だと思う
30	いい加減な人だと思う

均をとり、レーダー・チャートにしたものが**図2.3**である。

これらのレーダー・チャートを見ると、パーソナリティ分布の形状から、それぞれのキャラクターのパーソナリティの傾向と、キャラクター間のパーソナリティ類似性を見ること

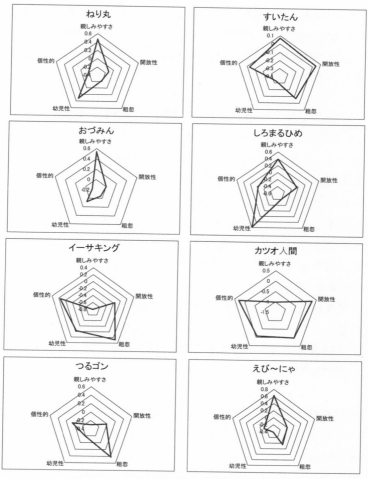

図2.3 キャラクターのパーソナリティ分布

ができるだろう。例えば、「おづみん」「しろまるひめ」「ね
り丸」は親しみやすく幼児性を感じるキャラクターであるこ

とがわかる。「イーサキング」と「カツオ人間」もよく似ていて個性的で開放的だが粗忽さを感じるキャラクターである。5つの変数でキャラクターのグループ分けなど、さまざまな分析が可能となる。

2.3.5 デザイン軸（デザイン要素）の導出と解釈

8体のキャラクターの2体を取り上げ、お互いが似ているかどうかを7件法で、すべての組み合わせについて、回答してもらっている。この類似性のデータが持つキャラクター間の近接度をできるだけ損なわずに、対象を一定の空間に布置するために、その空間での座標を求めるのが MDS である。ここでは回答者個人ごとに、すべてのキャラクターの座標が計算できる個人差 MDS を用いている。推定には、IBM SPSS 26 を用いた。

座標を計算することで、どうしても生ずる類似性データとの乖離をストレス関数で測定し、その関数値を最小にするように各キャラクターの座標が計算される。**図 2.4** は布置する空間座標の次元ごとにストレスをプロットしたものでスクリープロットと呼ばれる。

このグラフによると、空間の次元が多くなれば最小化されたストレス値が減少する様子がわかる。空間の次元が4次元までは調子良くストレスは減少するが、それ以上の次元では減少のスピードが急に緩慢となる。つまり5次元以上の空間を選んでも、キャラクター間の類似性の表現は大きく改善するとは言えないことがわかる。次元が大きくなるとそれだけ解釈が困難になるので、キャラクターのデザインの違いは4

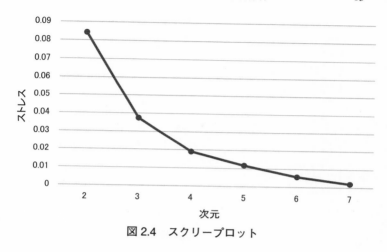

図2.4　スクリープロット

次元で評価できるものと想定する。

　個人差 MDS では回答者個々人のキャラクターに対する座標を得ることができるが、推定された4次元空間内の各キャラクターの座標のうち、共通布置[9]と呼ばれる全体としてのキャラクターの座標も得られる。その結果が**表2.11**である。そこで、この座標とそれぞれのキャラクターのデザインから、4つの軸の意味を解釈する。

　MDS の場合軸の解釈が困難な場合も多いが、ここでは各軸上に、その値が小さなキャラクターの順にデザイン画を並べて、軸の解釈を試みた。その結果が**表2.12**にまとめてある。本来ならキャラクターのデザイン図も掲載すべきであるが、ここでは省略している。読者諸氏にあっては、ご当地キャラクターの公式サイトを表示しながら読んでいただければ幸いである。

表 2.11　推定された共通布置（共通空間）の座標

	次元			
	1	2	3	4
ねり丸	0.340	−0.734	−1.723	−0.320
すいたん	0.194	1.981	−0.057	0.263
おづみん	−1.852	0.203	−0.149	0.350
しろまるひめ	−0.406	0.503	−0.657	−1.732
イーサキング	0.180	−0.183	−0.140	2.115
カツオ人間	1.992	−0.115	0.252	0.003
つるゴン	0.050	0.128	2.082	−0.312
えび〜にゃ	−0.498	−1.783	0.394	−0.367

表 2.12　軸の解釈

顔形状			体型			色彩			両眼距離		
キャラクター	座標	特徴	キャラクター	座標	特徴	キャラクター	座標	特徴	キャラクター	座標	特徴
おづみん	−1.852	丸顔	えび〜にゃ	−1.783	逆三角形	ねり丸	−1.723	地味白系	しろまるひめ	−1.732	大
えび〜にゃ	−0.498		ねり丸	−0.734		しろまるひめ	−0.657		えび〜にゃ	−0.367	
しろまるひめ	−0.406		イーサキング	−0.183		おづみん	−0.149		ねり丸	−0.320	
つるゴン	0.050		カツオ人間	−0.115		イーサキング	−0.140		つるゴン	−0.312	
イーサキング	0.180		つるゴン	0.128		すいたん	−0.057		カツオ人間	0.003	
すいたん	0.194		おづみん	0.203		カツオ人間	0.252		すいたん	0.263	
ねり丸	0.340		しろまるひめ	0.503		えび〜にゃ	0.394		おづみん	0.350	
カツオ人間	1.992	下膨れ	すいたん	1.981	安定	つるゴン	2.082	目立つ色	イーサキング	2.115	小

　さて、第1軸は顔形状軸と解釈できる。座標の値が小さく
なるにつれて、「つるゴン」から「えび〜にゃ」や「おづみん」
に近づくほど顔が丸く変化し、逆方向はさまざまな形状をと
るが、総じて下膨れの形をとる。第2軸は体型軸と解釈でき
る。座標軸の値が小さくなるにしたがって、頭でっかちにな

り体型としては逆三角形の不安定な形になる。逆方向は安定的な三角形の形状をとる。第3軸は色彩軸で値が小さいほど白っぽくて彩度が低い色を使用している。逆方向は派手で彩度の高い色彩である。最後の第4軸は両眼距離で、値が小さいほど両眼の間の距離が広くなり間の抜けたイメージを与える。逆方向はそれが小さくなる傾向がある。以上から、本節での分析対象となったご当地キャラクターから、デザインの特徴としては、顔形状、体型、色彩、両眼距離の4つの軸がデザイン要素として抽出できたことになる。

2.3.6 デザイン要素・パーソナリティ・選好の関係

これまでの分析で、回答者それぞれが、1つのキャラクターについて5つのパーソナリティの値と、8つのキャラクターそれぞれについて4つのデザイン要素の値を持つことになる。さらにアンケートではそれぞれのキャラクターへの選好度を「大変気に入った」から「まったく気に入らない」の7件法で測定した選好度の値も持つことになる。

これらの変数の値を用いて、デザイン、パーソナリティ、選好度の関係をSEMによって明らかにする。なお、パーソナリティは、回答者1人につき1体のキャラクターを指定し回答を求めているので、すべての変数をキャラクターの種類とマッチングするように揃えたうえで、データ全体をプールし、選好度をパーソナリティとデザイン要素に回帰するモデルをSEMにより分析する。

考えられるモデルは以下の3つである。

Model 1　デザイン要素とパーソナリティがともにキャラク

ターへの選好に効果を及ぼしている平行モデル（**図 2.5**）。

Model 2 デザイン要素がパーソナリティを媒介として選好に影響を与える、媒介モデル（**図 2.6**）。

Model 3 Model 2 にデザイン要素から選好への直接効果を追加したモデル（**図 2.7**）。

図 2.5 Model1 の概念図

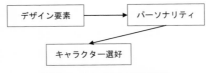

図 2.6 Model2 の概念図

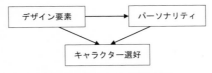

図 2.7 Model3 の概念図

以上の 3 モデルをそれぞれ Amos 26 で推定した結果、**表 2.13** のような適合度指数と情報量規準を得た。

適合度指数が満たすべき範囲は、一般に GFI>0.9,AGFI>0.8, CFI>0.9,RMSEA<0.1 とされる場合が多い。この基準にした

表2.13 モデル比較表

	Model 1	Model 2	Model 3
GFI	0.894	0.983	0.985
AGFI	0.709	0.932	0.918
CFI	0.387	0.917	0.927
RMSEA	0.162	0.073	0.082
AIC	141.759	178.963	173.026

がえばmodel 2とmodel 3が適合度で満足できるモデルである。そこで両者を情報量規準であるAICで比較すると、model 3の値が低く、最適なモデルとして選ぶことができる。デザイン要素はパーソナリティを媒介として選好に影響を与え、同時にデザインは直接的にも選好に影響を与えうるという結論を得ることができた。

　外見的デザインがパーソナリティ・イメージを作り、それが選好に影響しているとともに直接的に選好にも効果をもたらすことになる。それらの影響の程度はデザインからパーソナリティへのパス係数とパーソナリティから選好へのパス係数の積、およびデザインから選好へのパスの効果の合計からなる標準化総合効果で知ることができる。これが表2.14である。

　デザイン要素のうち選好に最も効果があるものは顔形状で効果指標がマイナスであるので、顔形状が丸顔のキャラクターの選好度が高いことになる。色彩が次に効果的で、これも指標はマイナスであるので白っぽい色がキャラクターの選好度が総合的に高まることを意味している。両眼距離と体型もマイナスで、両眼は距離が離れているほど、体型は頭でっ

表 2.14　model 3 の標準化総合効果

	両眼	色彩	体型	顔形状	個性的	幼児性	粗忽	開放性	親しみ やすさ
個性的	0.056	0.069	0.023	0.135	0	0	0	0	0
幼児性	−0.128	−0.201	0.026	−0.027	0	0	0	0	0
粗忽	0.144	0.193	−0.049	0.016	0	0	0	0	0
開放性	−0.035	0.037	0.016	0.072	0	0	0	0	0
親しみ やすさ	−0.275	−0.179	−0.078	−0.419	0	0	0	0	0
選好	−0.094	−0.147	−0.069	−0.171	0.035	0.07	0.046	0.266	0.376

かちな逆三角形型であるほど選好されることになる。

　パーソナリティと選好との関係に関しては、親しみやすさ、開放性（誠実性）が好まれることもわかる。総合すると、丸顔で頭が大きくて白っぽい色で目と目の間が離れていて、親しみやすく誠実な性格が感じられるキャラクターが好まれることがわかる。例えば、商用キャラキターでは「ハローキティ」、ご当地キャラクターでは「ひこにゃん」のようなキャラクターがこの典型であると考えられる。

　また、デザインとパーソナリティとの関係で主なものは、両眼距離が長いほど親しみやすさが増し、幼児性も増すことがわかる。色彩は白っぽいほど幼児性を感じやすくなりカラフルなほど粗忽なイメージを作り出せることになる。体型はあまり効果的ではないが頭でっかちな逆三角形型ほど親しみやすさが増す。顔形状は丸いほど親しみやすさが増すことがわかる。

2.3.7　ご当地キャラクター・デザインのまとめ
　ご当地キャラクターのデザインの評価軸を知るために個人

差 MDS を用いた。その結果、両眼距離、体型、色彩、顔形状の4つの物理的な評価軸を抽出することができた。次にこの評価軸を用いて、外見デザインとパーソナリティ、選好の関係を構造化した。その結果外見デザインはキャラクターの選好に直接影響する経路と、パーソナリティを媒介して間接的に影響する2つの経路を持つことがわかった。選好を高めるために必要な、外見デザインと纏うべきパーソナリティとの関係などの知見を得た。本節では8体のキャラクターが刺激素材であったが、素材数を増やして検証する必要があるだろう。

注

1) マーケティングの分野でのいくつかの先行研究を紹介しよう。B.O. データは時系列で並べた週別データと公開期間で合計したグロス・データとに大きく分けることができる。予測モデルもデータの種類に対応して2つに大別できる。

　　時系列モデルでは、実用性という観点からも重要な研究としては、映画消費行動を取り入れた新たな普及モデルを用いた Sawhney and Eliashberg（1996）があげられる。Ainslie, Dreze and Zufryden（2005）は、消費者の魅力度によるダイナミックなマーケットシェアモデルを用いてジャンルやスタジオの違いで B.O. を予測するモデルでベイズ推定法で分析している。また、Liu（2006）は Yahoo! 映画のクチコミデータを用いて B.O. の時系列的変化にクチコミが及ぼす影響について分析を行っている。現在では SNS などのデータを用いた研究が多く発表されているが、その先駆的な研究と思われる。時系列データの分析に関しては、消費者の鑑賞意思決定や公開意思決定などの最適なタイミングを導き出すことで B.O. の予測と関連づける研究も盛んである。例えば、Krider and Weinberg（1998）は新作映画の公開タイミングをゲーム論で分析した、理論的な研究である。Radas and Shugan（1998）は 劇場映画の季節性を考慮した映画の公開タイミングの分析、荒木（2011）は映画消費者の最適な鑑賞タイミングを求め、それらを集計することで作品ごとの B.O. を予測するモデルを提案している。Hui, Eliashberg and George（2008）は DVD の最

適な購買タイミングを分析している。

　グロス・データを用いたモデルでは、比較的早い時期から分析が始まっていて、Eliashberg and Shugan（1997）は、映画に対する批評とB.O. との関係について明らかにしている。Ravid（1999）は、B.O. や収益率などに対するスター、予算、レーティングなどの効果を分析している。Elberse（2007）は、映画スターの興行収入へのインパクトを統計的に明らかにしている。広告量は B.O. の重要な説明変数であるが、荒木（2007）はジャンルによって B.O. に対する効果が異なることをベイズ推定を用いて明らかにしている。

　データの種類ではなく、映画コンテンツの特徴として注目すべき点は、他のコンテンツ商材と同じく映画はマルチユース商材であるという点であろう。同じコンテンツを複数の異なる市場で販売することができる。その典型は劇場公開とビデオなどのパッケージ販売である。これらの関係も分析対象となっていて、Lehmann and Weinberg（2000）は、劇場映画とレンタルビデオの市場導入タイミングを分析している。荒木（2008）はタイミングではないが両者がモデルのパラメータを通して B.O. にどのように影響しているかを SEM を用いて分析している。

2) 同様のデータを用いた最初の分析は荒木（2006）である。本稿はこれに加筆修正したものである。
3) 例えば、豊田（2007）を参照。
4) 例えば、荒木（2002）を参照。
5) 荒木（2017）p.73 参照。
6) 言い換えると、キャラクターに接触した人が、それが人間だと仮定したときにキャラクターから感じとる性格のこと。
7) 岡太・今泉（1994）を参照。
8) データをご提供いただいた福井工業大学の野澤智行教授に心より感謝する。
9) 共通布置の座標の周辺に個々人の座標が分布する。

参考文献

荒木長照（2002），"映画の BOX Office の予測と広告効果"，第 72 回日本マーケティング・サイエンス学会研究大会報告資料．

荒木長照（2006），"映画脚本分析の構造化と興行収入—コンテンツ評価手法の開発に向けて—"，第 79 回日本マーケティング・サイエンス学会研究大会報告資料．

荒木長照（2007），"階層線形モデルによる映画広告の効果測定"，第 81 回日本

マーケティング・サイエンス学会研究大会報告資料.

荒木長照 (2008), "逐次市場における市場間関係と予測—劇場映画市場とセル DVD 市場—", 第 83 回日本マーケティング・サイエンス学会研究大会報告資料.

荒木長照 (2011), "劇場映画普及のミクロ的基礎とマクロ普及関数", 『マーケティング・サイエンス』, 19 (No.1), 111-128.

荒木長照 (2016), "ご当地のキャラクターと地域ブランドの価値", 第 99 回日本マーケティング・サイエンス学会研究大会報告資料.

荒木長照 (2017), "ご当地キャラクターと地域活性化—キャラクター開発のための属性抽出—", (荒木長照・辻本法子・田口順等・朝田康禎, 『地域活性化のための観光みやげマーケティング—熊本のケーススタディー』, 第 2 章), 大阪公立大学共同出版会.

荒木長照 (2021), "ご当地キャラクターのデザインに対する選好ー個人差MDS によるアプローチー", 第 109 回日本マーケティング・サイエンス学会研究大会報告資料.

岡太彬訓&今泉忠 (1994)『パソコン多次元尺度構成法』, 共立出版.

豊田秀樹 (2007),『共分散構造分析 [Amos 編]』, 東京図書.

野澤智行 (2020), "with コロナ時代のご当地キャラ活用価値 – DX で可能なこと, 困難なこと–", 第 108 回日本マーケティング・サイエンス学会研究大会報告資料.

Ainslie, A., X. Dreze and F. Zufryden (2005), "Modeling Movie Life Cycles and Market Share," *Marketing Science*, 24 (No.3), 508-517.

Elberse, A. (2007), "The Power of Stars: Do Star Actors Drive the Success of Movies?," *Journal of Marketing*, 71 (No.4), 102-120.

Eliashberg, J. and S. M. Shugan (1997), "Film Critics: Influencer or Predictors?," *Journal of Marketing*, 61 (No.2), 68-78.

Hui, S. K., J. Eliashberg and E. I. George (2008), "Modeling DVD Preorder and Sales : An Optimal Stopping Approach," *Marketing Science*, 27 (No.6), 1097-1110.

Katahn, T. L. (1990), *Reading for a Living, How to be a Professional Story Snalyst for Film & Television, Blue Arrow Books*, (日本語訳 渡辺秀治 『ストーリーアナリスト』, 愛育社, 2000).

Krider, R. E. and C. B. Weinberg (1998), "Competitive Dynamics and the Introduction of New Products : The Motion Picture Timing Game," *Journal of Marketing Research*, 35 (February), 1-15.

Lehmann D. R. and C. B. Weinberg (2000), "Sales Through Sequential

Distribution Channels: An Application to Movies and Videos," *Journal of Marketing*, 64(No.3), 18-33.

Liu, Y. (2006), "Word of Mouth for Movies: Its Dynamics and Impact on Box Office Revenue," *Journal of Marketing*, 70(No.3), 74-89.

Radas, S. and M. Shugan (1998), "Seasonal Marketing and Timing New Product Introductions," *Journal of Marketing Research*, 35(August), 296-315.

Ravid, S.A. (1999), "Information, Blockbusters, and Stars: A Study of the Film Industry," *The Journal of Business*, 72(No.4), 463-492.

Sawhney, M. S. and J. Eliashberg (1996), "A Parsimonious Model for Forecasting Gross Box-office Revenues of Motion Pictures," *Marketing Science*, 15(No.2), 113-131.

第2部

コンテンツ消費における消費者行動

第3章

キャラクターの
マーケティング活用効果に関する研究

　この章では、「キャラクター」に関する消費者行動を探り、どんな接点を使ってどんな体験を提供すれば、いかなる活用効果を発揮するのかを明らかにする。

3.1　はじめに

3.1.1　キャラクターの定義

　まず、「キャラクター」の定義を確認する。電通キャラクター・ビジネス研究会（1994）によると、1920年代にアメリカで流行った「ポパイ」や「ミッキーマウス」などアニメ映画の主人公が商品化された際の契約書に書かれた「Fanciful Characters（空想的登場人物）」が語源で、それが1950年代にそのまま日本に輸入されたものと記している。ここでの定義「新聞、雑誌などに掲載される漫画、アニメや特撮のテレビ番組、映画などに登場する人物、擬人化された動物、植物、ロボットなど」を基に、企業や自治体が独自に開発・使用するオリジナルキャラクターの普及や、現在のメディア、特にゲームやインターネットに関する環境変化を考慮して、

本章では「キャラクター」について、「マンガ、アニメや特撮の作品、ゲーム、絵本・童話・小説、インターネット、街角、商品パッケージや各種グッズ、広告などで見かける、架空の人物や、人に見立てた動物・植物・ロボット・宇宙人などの総称」と定義する。

　なお、スポーツ選手、タレント、著名人、動物も、企業・商品の広告やイベントに起用された場合は一般的に「キャラクター」と呼称されることが多く、近年では au「三太郎」シリーズや softbank「5G ってドラえもん ?」シリーズなど、複数の人気タレントが昔話やマンガの登場人物を演じる広告が話題になって高い好感度を獲得するなど[1]、これまで以上に日常的に見かける「キャラクター」の定義が、幅広く汎用性のあるものになっている。

3.1.2　キャラクターと作品型コンテンツの関係

　キャラクターは、前述したおよそ 100 年前の成り立ち時から、マンガ、アニメ映画、テレビアニメ、ゲーム、インターネットなどの作品に登場する人物（あるいは擬人化された動物など）が商品化されることで、知的財産（IP：Intellectual Property）としての価値が認められていった存在である。これら作品型コンテンツに登場するキャラクターの中で、かわいい、かっこいいなど外見上の特徴的なデザインに加え、ストーリーを通して描写される性格や行動が読者や視聴者の共感や愛着を集めて人気者へと成長していくケースが、最近では「鬼滅の刃」「SPY × FAMILY」など、特に少年マンガ誌連載作品で多く見受けられる。

　その一方で、サンリオやサンエックスをはじめとして日用雑貨や文具、アパレルなどグッズ展開のために作ったいわゆる『ファンシー系』や、商品パッケージや広告で使用するため企業がブランドを構成する一要素として作った『企業キャラ』、各地の行政団体が地方イベントや地域活性化のために作った『ご当地キャラ』など、一般的にストーリー性が希薄なキャラクターも多数存在する。最近は LINE スタンプや SNS で展開されるインディーズ系のキャラも増えており、Twitter 発マンガ作品でフジテレビ系「めざましテレビ」内でアニメ放送も始まった「ちいかわ」が、他に候補作品として推されていた「新世紀エヴァンゲリオン」シリーズや「東京リベンジャーズ」を上回る評価を得て「日本キャラクター大賞 2022[2)]」グランプリを受賞するなど、SNS と従来型マスメディアを横断することで急激に人気を集めるケースも見受けられる。

3.2　キャラクターファンのマーケットボリューム

　まず、日本国内で「キャラクター」を好きな人がどのくらい存在するのか、どんな属性の人たちなのかについて、「キャラクター定量調査 2021」（2021 年 11 月実施：調査概要は次頁参照）結果を用いて整理した。

キャラクター定量調査 2021：調査概要
・調査対象者　　日本国内に居住する 3 〜 74 歳の男女
・調査手法　　　インターネットリサーチ
・調査実施機関　楽天インサイト
・サンプル数　　1,165s
・調査実施時期　2021 年 11 月 5 日（金）〜 11 月 10 日（水）
・年齢区分　　　男女とも、下記の年齢区分（男女×年齢 11 区分＝計 22
　　　　　　　　属性）で割付。
　　　　　　　　（園児・保育園〜小学生は、長子について母親が代理回答）

表 3.1　「キャラクター定量調査 2021」性・年齢構成内訳

(人)	園児 3 歳〜	小学 1-3年生	小学 4-6年生	中学生	高校生	大学生 専門校生	20代	30代	40代	50代	60-74歳	計
男性	37	43	40	36	38	46	74	75	67	65	63	584
女性	40	41	42	36	43	44	71	68	71	67	58	581
男女計	77	84	82	72	81	90	145	143	138	132	121	1,165

3.2.1　キャラクター全般への好意度

　「キャラクターが好きなほうである」との質問に対して「かなり当てはまる」または「まあ当てはまる」と答えた“キャ

【キャラクターが好きなほうである】

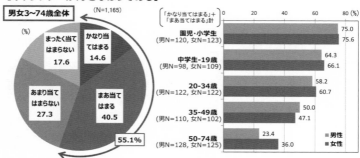

図 3.1　性・年齢別：「キャラクターが好きなほうである」と回答した
　　　　人の割合

ラクターファン”は男女 3 〜 74 歳全体で計 55.1％を占めた。
性・年齢別で見ると、“キャラクターファン”は男女とも園
児・小学生＞中学生 -19 歳＞ 20-34 歳の順で多く、50-74 歳で
は男女間の差が大きい（図 3.1）。

3.2.2　マンガ、アニメ、ゲームとのファン層比較

　映像系各コンテンツファンのマーケットボリュームを確
認するため、「キャラクター定量調査 2021」にて“キャラク
ターファン”と同様の質問で測定した結果、男女 3 〜 74 歳
全体で“テレビアニメファン”は 51.4％、“マンガファン”
は 47.8％、“アニメ映画ファン”は 42.1％、“ネット動画・
アニメファン”は 31.9％で、いずれも“キャラクターファ
ン”を下回る出現率となった。ちなみに“キャラクターファ
ン”全体に各コンテンツファンが占める割合は、“テレビア
ニメファン”（76.5％）＞“マンガファン”（65.7％）＞“ア
ニメ映画ファン”（64.8％）＞“ネット動画・アニメファン”
（49.7％）で、“テレビアニメファン”との重複が最も多い結
果となった。各コンテンツファンの性・年齢構成を比較した
ところ、以下の傾向が確認された（図 3.2）。

　可処分所得平均月額は“マンガファン”が最も高く、鑑賞
するのに費用がかかる“アニメ映画ファン”が次ぎ、僅差で
“テレビアニメファン”と“キャラクターファン”が続いて、
ミドル・シニア層の少ない”ネット動画・アニメファン”が
最も少ない結果となった。だが、各コンテンツともファンと
非ファンによる有意差が 10％水準でも見られないほど、そ
の違いは僅かなものである。

キャラクターファン（平均 25.3 歳）：男女とも園児・小学生が多く、50-74 歳が
　少ない。
テレビアニメファン（平均 24.7 歳）・アニメ映画ファン（平均 25.2 歳）：男女と
　も園児・小学生と男 20-34 歳が多く、50-74 歳が少ない。
ネット動画・アニメファン（平均 21.9 歳）：男女 19 歳以下と男 20-34 歳が多く、
　50-74 歳が極端に少ない。
マンガファン（平均 28.7 歳）：男 20-34 歳と女子中学生 -19 歳が多く、男女園
　児・小学生と 50-74 歳が少なめ。

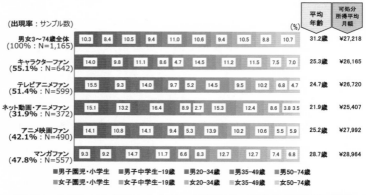

図 3.2　各コンテンツファンの性・年齢構成・可処分所得平均月額

3.2.3　キャラクターの出自によるタイプ分類と支持状況

　「キャラクター定量調査 2021」で測定した好きなキャラクターの純粋想起回答[3]を用いて、想起上位キャラクター（作品単位で集計）がどんなタイプだったか、その出自を確認した結果を表 3.2 に記す。

　男女 3 ～ 74 歳 1,165 名が回答した上位キャラクターは、1位「ポケットモンスター」が絵本・ゲーム等原作系、2 位「スヌーピー」、3 位「ドラえもん」、4 位「鬼滅の刃」がマンガ原作系、5 位「ミッキーマウス」がファンシー系、12 位「く

《キャラクタータイプ分類基準》

マンガ原作系：週刊誌や月刊誌、新聞などのマンガ作品を原作として展開。

絵本・ゲーム等原作系：絵本、小説、ライトノベル、ゲームなどを原作として展開。

オリジナル系：特定の原作がないオリジナルのアニメや映画などから展開。

ファンシー系：日用雑貨・文具・アパレルなどのグッズから展開。

企業キャラ：企業が商品・サービスの広告・広報手段として展開（タレントが手がけるキャラクターもこちらに分類）。

ご当地キャラ：行政団体などが地方イベントや地域活性化などの広告・広報手段として展開。

※ここでは、マンガ、絵本、ゲーム、ファンシー雑貨など、どのコンテンツや接点から誕生・発展していったか、一般消費者視点による出自で分類を行った。よって、著名な童話系原作以外のディズニーキャラはファンシー系に分類。

表3.2　「好きなキャラクター（作品）」2021年純粋想起上位一覧

男女3～74歳全体　(1165)

順位		%	分類	順位		%	分類
1	ポケットモンスター	9.6	絵本・ゲーム等原作系	28	ルパン三世	1.3	マンガ原作系
2	スヌーピー	8.7	ファンシー系	28	ドナルドダック	1.3	ファンシー系
2	ドラえもん	8.7	マンガ原作系	30	プリキュアシリーズ	1.2	オリジナル系
4	鬼滅の刃	7.9	マンガ原作系	31	ダッフィー	1.1	ファンシー系
5	ミッキーマウス	7.3	ファンシー系	31	仮面ライダーシリーズ	1.1	マンガ原作系
6	ハローキティ	6.2	ファンシー系	33	転生したらスライムだった件	1.0	絵本・ゲーム等原作系
7	すみっコぐらし	5.8	ファンシー系	33	となりのトトロ	1.0	オリジナル系
7	ワンピース	5.6	マンガ原作系	33	ひこにゃん	1.0	ご当地キャラ
9	ミッフィー	3.9	ファンシー系	36	星のカービィ	0.9	絵本・ゲーム等原作系
10	くまのプーさん	3.8	ファンシー系	36	新幹線変形ロボ シンカリオン	0.9	オリジナル系
11	リラックマ	3.5	ファンシー系	36	リトルツインスターズ（キキ＆ララ）	0.9	ファンシー系
12	くまモン	3.3	ご当地キャラ	39	スティッチ	0.9	ファンシー系
13	ムーミン	3.1	絵本・ゲーム等原作系	39	アナと雪の女王	0.9	絵本・ゲーム等原作系
13	ドラゴンボール	3.1	マンガ原作系	39	塔の上のラプンツェル	0.9	絵本・ゲーム等原作系
15	アンパンマン	3.0	絵本・ゲーム等原作系	39	東方Project	0.9	オリジナル系
16	名探偵コナン	2.7	マンガ原作系	43	新世紀エヴァンゲリオン	0.8	オリジナル系
17	クレヨンしんちゃん	2.5	マンガ原作系	43	きかんしゃトーマス	0.8	絵本・ゲーム等原作系
18	スーパーマリオ	2.1	絵本・ゲーム等原作系	43	NARUTO	0.8	マンガ原作系
18	呪術廻戦	2.1	マンガ原作系	46	ぐでたま	0.7	ファンシー系
20	マイメロディ	1.9	ファンシー系	46	トイ・ストーリー	0.7	オリジナル系
21	ミニーマウス	1.8	ファンシー系	46	リトルマーメイド	0.7	絵本・ゲーム等原作系
22	ミニオン	1.7	ファンシー系	49	スポンジ・ボブ	0.6	オリジナル系
23	シナモン（シナモロール）	1.7	ファンシー系	49	ジョジョの奇妙な冒険	0.6	マンガ原作系
24	ハイキュー!!	1.5	マンガ原作系	49	モンスターズ・インク	0.6	オリジナル系
25	東京リベンジャーズ	1.5	マンガ原作系	49	ディズニープリンセス	0.6	オリジナル系
26	機動戦士ガンダムシリーズ	1.4	オリジナル系	49	ウルトラマンシリーズ	0.6	オリジナル系
26	ふなっしー	1.4	ご当地キャラ	49	進撃の巨人	0.6	マンガ原作系

まモン」がご当地キャラ、26 位「機動戦士ガンダムシリーズ」
がオリジナル系と、それぞれ出自が異なる。

表 3.3　性・年齢別：「好きなキャラクター（作品）」2021 年純粋想起
　　　　　上位一覧

男子園児・小学生 (120)

順位		%	分類
1	ポケットモンスター	33.3	絵本・ゲーム等原作系
2	鬼滅の刃	22.5	マンガ原作系
3	ドラえもん	20.8	マンガ原作系
4	スーパーマリオ	13.3	絵本・ゲーム等原作系
5	新幹線変形ロボ シンカリオン	9.2	オリジナル系
6	アンパンマン	7.5	絵本・ゲーム等原作系
6	クレヨンしんちゃん	7.5	マンガ原作系
6	きかんしゃトーマス	7.5	絵本・ゲーム等原作系
9	ミッキーマウス	5.8	ファンシー系
9	ドラゴンボール	5.8	マンガ原作系

女子園児・小学生 (123)

順位		%	分類
1	すみっコぐらし	35.8	ファンシー系
2	鬼滅の刃	25.2	マンガ原作系
3	ハローキティ	10.6	ファンシー系
3	プリキュアシリーズ	10.6	オリジナル系
5	ポケットモンスター	8.9	絵本・ゲーム等原作系
6	リラックマ	7.3	ファンシー系
7	アンパンマン	6.5	絵本・ゲーム等原作系
8	アナと雪の女王	5.7	絵本・ゲーム等原作系
8	塔の上のラプンツェル	5.7	絵本・ゲーム等原作系
10	マイメロディ	4.9	ファンシー系

男子中学生-19歳 (104)

順位		%	分類
1	ドラえもん	19.2	マンガ原作系
2	ワンピース	15.4	マンガ原作系
3	ドラゴンボール	9.6	マンガ原作系
4	ポケットモンスター	8.7	絵本・ゲーム等原作系
5	クレヨンしんちゃん	4.8	マンガ原作系
5	転生したらスライムだった件	4.8	マンガ原作系
7	進撃の巨人	3.8	マンガ原作系
7	僕のヒーローアカデミア	3.8	マンガ原作系
9	呪術廻戦	2.9	マンガ原作系
9	ふなっしー	2.9	ご当地キャラ
9	風の谷のナウシカ	2.9	マンガ原作系
9	Re:ゼロから始める異世界生活	2.9	絵本・ゲーム等原作系

女子中学生-19歳 (109)

順位		%	分類
1	スヌーピー	12.8	マンガ原作系
2	ハイキュー!!	10.1	マンガ原作系
3	ミッキーマウス	8.3	ファンシー系
4	ポケットモンスター	7.3	絵本・ゲーム等原作系
5	ドラえもん	6.4	マンガ原作系
5	ハローキティ	6.4	ファンシー系
5	東京リベンジャーズ	6.4	マンガ原作系
8	すみっコぐらし	5.5	ファンシー系
8	ミッフィー	5.5	ファンシー系
8	ムーミン	5.5	絵本・ゲーム等原作系

男20-34歳 (122)

順位		%	分類
1	ポケットモンスター	17.2	絵本・ゲーム等原作系
2	ワンピース	9.8	マンガ原作系
3	ドラえもん	8.2	マンガ原作系
3	鬼滅の刃	8.2	マンガ原作系
3	ミッキーマウス	8.2	ファンシー系
6	名探偵コナン	6.6	マンガ原作系
7	NARUTO	4.1	マンガ原作系
8	スヌーピー	3.3	マンガ原作系
8	くまモン	3.3	ご当地キャラ
10	ドラゴンボール	2.5	マンガ原作系
10	アンパンマン	2.5	絵本・ゲーム等原作系
10	スーパーマリオ	2.5	絵本・ゲーム等原作系
10	東方Project	2.5	オリジナル系
10	ジョジョの奇妙な冒険	2.5	マンガ原作系

女20-34歳 (122)

順位		%	分類
1	スヌーピー	19.7	マンガ原作系
2	くまのプーさん	9.8	ファンシー系
3	ミッフィー	8.2	ファンシー系
3	ムーミン	8.2	絵本・ゲーム等原作系
5	ミッキーマウス	7.4	ファンシー系
5	ハローキティ	7.4	ファンシー系
5	リラックマ	7.4	ファンシー系
8	ポケットモンスター	6.6	絵本・ゲーム等原作系
8	鬼滅の刃	4.9	マンガ原作系
9	スティッチ	4.9	ファンシー系

男35-49歳		(110)
順位	％	分類
1 ドラゴンボール	11.8	マンガ原作系
2 ワンピース	10.0	マンガ原作系
3 ドラえもん	9.1	マンガ原作系
3 機動戦士ガンダムシリーズ	9.1	オリジナル系
5 ミッキーマウス	6.4	ファンシー系
6 ポケットモンスター	3.6	絵本・ゲーム等原作系
6 スヌーピー	3.6	マンガ原作系
6 鬼滅の刃	3.6	マンガ原作系
6 ハローキティ	3.6	ファンシー系
6 くまモン	3.6	ご当地キャラ
6 ルパン三世	3.6	マンガ原作系
6 仮面ライダーシリーズ	3.6	マンガ原作系

女35-49歳		(102)
順位	％	分類
1 スヌーピー	18.6	マンガ原作系
2 ミッフィー	13.7	ファンシー系
3 ハローキティ	12.7	ファンシー系
4 ミッキーマウス	9.8	ファンシー系
5 くまモン	7.8	ご当地キャラ
6 ドラえもん	6.9	マンガ原作系
6 ムーミン	6.9	絵本・ゲーム等原作系
8 くまのプーさん	5.9	ファンシー系
9 すみっコぐらし	4.9	ファンシー系
10 ポケットモンスター	3.9	絵本・ゲーム等原作系
10 鬼滅の刃	3.9	マンガ原作系
10 アンパンマン	3.9	絵本・ゲーム等原作系
10 マイメロディ	3.9	ファンシー系
10 シナモン（シナモロール）	3.9	ファンシー系

男50-74歳		(128)
順位	％	分類
1 ドラえもん	8.6	マンガ原作系
2 ワンピース	7.8	マンガ原作系
2 くまモン	7.8	ご当地キャラ
4 ふなっしー	6.3	ご当地キャラ
4 ルパン三世	6.3	マンガ原作系
6 ミッキーマウス	5.5	ファンシー系
7 スヌーピー	3.9	マンガ原作系
7 ハローキティ	3.9	ファンシー系
9 機動戦士ガンダムシリーズ	3.1	オリジナル系
9 ひこにゃん	3.1	ご当地キャラ
9 ウルトラマンシリーズ	3.1	オリジナル系

女50-74歳		(125)
順位	％	分類
1 スヌーピー	17.6	マンガ原作系
2 ミッキーマウス	15.2	ファンシー系
3 ハローキティ	12.8	ファンシー系
4 くまのプーさん	8.8	ファンシー系
5 リラックマ	7.2	ファンシー系
6 くまモン	7.2	ご当地キャラ
7 ムーミン	5.6	絵本・ゲーム等原作系
8 ドラえもん	4.0	マンガ原作系
8 ワンピース	4.0	マンガ原作系
8 ミッフィー	4.0	ファンシー系
8 となりのトトロ	4.0	オリジナル系

　表 3.3 は、性・年齢別に見た、純粋想起による 2021 年の
「好きなキャラクター」上位一覧である。男性は「ドラえも
ん」「ワンピース」「ドラゴンボール」などマンガ原作系や
「ポケットモンスター」など絵本・ゲーム等原作系が、女性
は「スヌーピー」などマンガ原作系や「ミッキーマウス」「ハ
ローキティ」などファンシー系が、各年齢層で共通して上位
を占めている。男女とも園児・小学生では「鬼滅の刃」が 2
位で、一大ブームの原動力となった熱狂的キッズの存在をう
かがわせて興味深い。また、ブームが去って久しいご当地
キャラも、「くまモン」「ふなっしー」「ひこにゃん」など一

部のキャラは今も地元だけでなく全国で定着している。

　続いて、男女3〜74歳全体で3人以上から純粋想起された計112キャラクターを対象として、出自による各キャラクタータイプの構成内訳を性・年齢別に比較した（**図3.3**）。男女3〜74歳全体では、マンガ原作系、ファンシー系、絵本・ゲーム等原作系、オリジナル系のシェアが高く、企業キャラ、ご当地キャラのシェアは僅かである。男性は全般にマンガ原作系が上位を占め、特に成人層では子どもの頃に接触したマンガ原作系が上位を維持し続けている。これは、キャラクターに限らず、少年期に好きだったものへの思い出をいつまでも忘れない男性の特性を示す結果である。女性は各年齢層ともファンシー系が上位で、年齢による好みの違いは少ない。その中で、中学生-19歳や20-34歳ではマンガ原作系（「ハイキュー‼」「東京リベンジャーズ」など）が多く想起されており、キャラクターへの愛着の方向性がファンシー系か

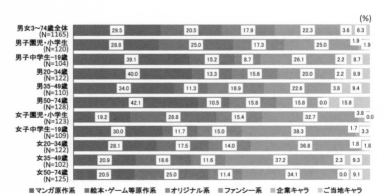

図3.3　性・年齢別：「好きなキャラクター（作品）」の出自タイプによる構成内訳

ら理想の男子に広がっている。これは、女子向けマンガが原作となったアニメやドラマ、映画が人気を博し、少年マンガ誌の読者としても女子層が確固たる地位を築き、原作マンガの評判や単行本の売れ行きに多大な影響を及ぼすことを反映した結果である。

3.3　キャラクターに関する日常接点

　ここからは、日常のどんな接点でキャラクターと接することでどんな体験が提供され、広告キャンペーンや商品パッケージなどで使用した企業や団体にどのような活用効果が見込めるのか、「キャラクター定量調査2021」で質問した、好きなキャラや気になるキャラを思い浮かべての回答結果を用いて紹介していく。

3.3.1　因子分析による日常接点因子の抽出

　表3.4は、キャラクターに関する「日常接点」計36項目[4]の因子分析結果[5]である。6つの因子のうち、出現率で特に多いのは「玩具・雑貨・グッズ・ショー」「TVアニメ・映画・マンガ・動画・映像ソフト」、少ないのは「2.5次元舞台・ライブ配信・コラボカフェ」であった。

3.3.2　性・年齢別の日常接点因子得点比較

　日常接点因子得点[6]の平均値を算出して性・年齢別に比較したところ、以下の傾向が確認された（**表3.5**）。

表3.4　キャラクターに関する「日常接点」：因子分析結果

男女3〜74歳全体　(N=1,165)

パターン行列 a
- 因子負荷量が0.6以上
- 因子負荷量が0.4以上0.6未満
- 因子負荷量が0.2以上0.4未満

	因子負荷量						かなり+まあ当てはまる(%)
	1 玩具・雑貨・グッズ・ショー	2 2.5次元舞台・ライブ配信・コラボカフェ	3 TVアニメ・映画・マンガ・動画・映像ソフト	4 SNS・LINE・公式サイト	5 TV（アニメ・映画以外）	6 クチコミ	
おもちゃ・ぬいぐるみ・フィギュア・人形	0.906	-0.102	0.163	-0.011	-0.208	-0.035	42.7
日用雑貨・文具	0.849	-0.114	-0.021	-0.053	-0.065	0.164	38.7
食玩・玩菓・カプセル玩具・ゲームセンター景品・コンビニくじ	0.781	-0.026	0.164	0.038	-0.182	0.014	37.8
コンビニ・スーパーのキャンペーン／飲料や食品などのおまけ・景品	0.660	-0.144	0.144	0.063	0.062	0.103	36.4
デパートや駅ビル・ショッピングモールなどのキャラクター専門ショップ・売り場	0.636	-0.081	0.015	0.253	0.062	-0.045	32.0
絵本	0.621	0.312	-0.002	-0.303	0.097	0.029	23.3
着ぐるみなどのキャラクターが登場するイベント・ショー・テーマパーク	0.601	0.322	-0.122	-0.123	0.109	0.009	25.2
お土産店やお土産コーナー（高速道路のサービスエリアや空港・駅の売店など）	0.573	-0.104	-0.050	0.119	0.267	0.015	37.4
衣料・ファッション・アクセサリー	0.554	0.243	0.038	-0.053	0.031	0.045	22.1
関連グッズなどのショッピングサイト	0.460	0.118	0.032	0.356	-0.026	-0.104	27.1
キャラクターの記念館・美術館／旅行・ツアー・スタンプラリー／乗り物	0.423	0.157	-0.058	0.197	0.204	-0.038	24.2
街角や駅などの店頭、看板、ポスター	0.400	-0.066	0.135	0.141	0.261	0.052	30.3
俳優・声優がキャラクターを演じる2.5次元舞台・ミュージカル	-0.026	0.812	-0.044	0.034	0.134	-0.060	11.8
パチンコ・パチスロ	-0.083	0.799	-0.072	-0.030	0.072	-0.046	9.5
トレーディングカード・カードゲーム	0.002	0.716	0.045	0.010	-0.030	0.110	13.6
SHOWROOM・17Live・インスタライブ・LINEライブ・YouTubeライブ配信などのライブ配信・視聴サービス	-0.032	0.546	-0.019	0.276	-0.046	0.124	16.5
キャラクターのカフェ・飲食店	0.350	0.399	-0.092	0.184	0.092	-0.047	19.4
BS放送・CS放送・ケーブルテレビのテレビアニメ・特撮番組・映画	-0.037	0.381	0.330	0.103	0.087	-0.063	21.0
地上波のテレビアニメ・特撮番組	0.198	-0.119	0.853	-0.192	0.078	-0.037	40.2
地上波で放送した映画	0.043	-0.053	0.756	-0.091	0.250	-0.060	34.9
マンガ雑誌・コミックス・単行本	-0.090	-0.072	0.656	0.284	0.070	-0.003	34.6
映画館・シネコンの映画	0.023	0.173	0.543	0.111	0.131	-0.095	22.1
DVD・BD・ビデオソフト	0.195	0.316	0.516	-0.049	-0.089	-0.098	21.6
地上波のテレビCM	0.175	-0.124	0.494	-0.052	0.355	0.050	37.2
Netflix・Amazon Prime Video・Hulu・dアニメストアなどの動画配信サービス	-0.029	0.189	0.445	0.210	-0.133	0.104	25.6
YouTube・TikTok・ニコニコ動画などの動画投稿サイト	-0.106	-0.004	0.415	0.354	-0.064	0.222	31.6
テレビゲームソフト	-0.058	0.407	0.408	-0.001	-0.039	0.108	24.2
Twitterやfacebook・InstagramなどのSNSサービス	-0.023	0.036	-0.056	0.777	0.020	0.096	25.2
キャラクターの公式サイトやTwitter公式アカウント・Facebook公式ページ	0.182	0.080	0.048	0.696	-0.012	-0.124	25.2
LINEなどのスタンプ	0.400	-0.080	-0.099	0.431	0.089	0.001	36.8
携帯電話の公式サイト・着メロ・待ち受け画面・アプリ	0.257	0.303	-0.012	0.314	0.004	-0.027	21.4
地上波のニュース・情報ワイド	0.028	0.158	0.106	0.054	0.503	0.101	23.2
地上波のドラマ	-0.099	0.389	0.215	-0.075	0.482	0.015	20.9
地上波のクイズ・バラエティ	0.066	0.182	0.160	0.006	0.416	0.127	23.3
家族や友人知人との話	0.154	0.015	-0.027	0.000	0.217	0.623	29.3
自分のまわりの、他の人たち同士の話	0.264	0.029	0.033	0.049	0.049	0.560	27.8
	49.0	4.3	3.1	2.4	1.3	1.2	
	49.0	53.3	56.4	58.8	60.1	61.3	

因子抽出法：主因子法
回転法：Kaiser の正規化を伴うプロマックス法
a. 11 回の反復で回転が収束しました。

　全般に各日常接点とも男子中学生から34歳と女子園児・小学生で高く、SNSなどデジタル接点は女子中学生から34歳で高い。

表3.5　性・年齢別：日常接点因子得点平均値

凡例：■ 0.4以上　▨ -0.2〜-0.4　▨ 0.2〜0.4　▨ -0.4以下

		男女3〜74歳全体	男子園児・小学生	男子中学生〜19歳	男20〜34歳	男35〜49歳	男50〜74歳	女子園児・小学生	女子中学生〜19歳	女20〜34歳	女35〜49歳	女50〜74歳
	サンプル数	1,165	120	104	122	110	128	123	109	122	102	125
日常接点因子	玩具・雑貨・グッズ・ショー	0.000	0.186	0.034	0.037	-0.191	-0.448	0.440	0.061	0.146	-0.061	-0.195
	2.5次元舞台・ライブ配信・コラボカフェ	0.000	-0.101	0.411	0.432	-0.034	-0.160	0.022	0.010	-0.011	-0.252	-0.287
	TVアニメ・映画・マンガ・動画・映像ソフト	0.000	0.272	0.219	0.387	0.034	-0.329	0.242	-0.025	-0.033	-0.363	-0.403
	SNS・LINE・公式サイト	0.000	-0.313	0.249	0.375	-0.011	-0.331	-0.057	0.365	0.284	-0.166	-0.330
	TV（アニメ・映画以外）	0.000	-0.112	0.095	0.132	0.000	-0.020	0.207	-0.132	-0.083	-0.134	0.024
	クチコミ	0.000	0.314	0.226	0.230	-0.077	-0.428	0.327	0.167	-0.011	-0.321	-0.404

> **玩具・雑貨・グッズ・ショー**：女子園児・小学生で高く、男50-74歳で低い。
>
> **2.5次元舞台・ライブ配信・コラボカフェ**：男子中学生から34歳で高く、女35歳から74歳で低い。
>
> **TVアニメ・映画・マンガ・動画・映像ソフト**：男女園児・小学生と男子中学生から34歳で高い（特に男20-34歳）。
>
> **SNS・LINE・公式サイト**：男女中学生から34歳で高く、男子園児・小学生と男女50-74歳で低い。
>
> **TV（アニメ・映画以外）**：女子園児・小学生で高め。
>
> **クチコミ**：男女園児・小学生と男子中学生から34歳で高く、男女50-74歳で低い。

3.4　キャラクターに求める体験（提供体験）

3.4.1　因子分析による提供体験因子の抽出

　表3.6は、キャラクターに関する「提供体験」計21項目[7]の因子分析結果である。5つの因子のうち、出現率で特に多いのは「癒し・安らぎ」、少ないのは「参加・注目・同一視」であった。

表 3.6　キャラクターに関する「提供体験」：因子分析結果

男女3～74歳全体 (N=1,165)	因子負荷量					かなり＋まあ当て はまる（％）
	1	2	3	4	5	
パターン行列ª ■因子負荷量が0.6以上 ■因子負荷量が0.4以上0.6未満 ■因子負荷量が0.2以上0.4未満	癒し・安らぎ	参加・注目・同一視	郷愁・幼年回帰	収集	カタルシス・非日常感	
癒されたい	0.869	-0.059	0.034	0.119	-0.135	60.7
元気になりたい	0.842	0.095	-0.184	-0.062	0.204	54.9
楽しい気分になりたい	0.767	-0.082	-0.120	0.119	0.189	63.6
ほっとしたい	0.754	-0.036	0.200	0.079	-0.124	54.1
気分転換したい	0.621	0.090	0.137	-0.076	0.131	49.9
服装や格好、グッズやアイテムで、登場人物になりきりたい	-0.098	0.874	-0.082	0.188	-0.049	16.1
みんなの注目をあびたい	-0.070	0.846	0.052	0.038	-0.042	18.3
みんなからオシャレだと思われたい	0.154	0.832	-0.018	-0.018	-0.161	22.4
しぐさやポーズ、セリフを真似したい	-0.040	0.693	-0.144	0.112	0.196	20.9
日常では味わえないスリルや冒険を感じたい	0.012	0.539	0.155	-0.127	0.284	23.9
役に立つ知識を得たい	0.191	0.520	0.196	-0.212	0.115	29.4
一緒に遊びたい	0.103	0.355	-0.037	0.229	0.265	28.4
懐かしい思い出にひたりたい	0.042	-0.077	0.761	0.094	0.063	35.3
子どもの頃の自分に戻りたい	0.008	0.141	0.626	0.037	0.070	28.1
グッズやアイテムを集めてみたい	0.114	0.147	0.055	0.684	-0.030	35.4
身の回りにつけたり、飾っておきたい	0.115	0.135	0.045	0.634	0.044	34.2
夢や希望がほしい	0.394	0.064	0.063	-0.064	0.470	39.5
ワクワク・ドキドキしたい	0.366	0.087	-0.001	0.062	0.446	41.7
勇気づけてほしい	0.365	0.109	0.082	-0.021	0.438	34.5
別の世界に連れて行ってほしい	0.118	0.226	0.105	0.018	0.416	28.6
同じキャラクターが好きな人同士で盛り上がりたい	0.038	0.187	0.104	0.304	0.311	33.2
	57.5	6.4	3.0	1.7	1.0	
	57.5	63.9	66.9	68.6	69.6	

因子抽出法：主因子法
回転法：Kaiser の正規化を伴うプロマックス法
a. 9 回の反復で回転が収束しました。

3.4.2　性・年齢別の提供体験因子得点比較

　提供体験因子得点の平均値を算出して性・年齢別に比較したところ、以下の傾向が確認された（**表3.7**）。

> **癒し・安らぎ**：女子園児から34歳で高め、男女50-74歳で低い。
>
> **参加・注目・同一視**：男女園児・小学生と男子中学生から34歳で高く（特に男子中学生 -19歳）、男女 50-74 歳で低い。
>
> **郷愁・幼年回帰**：男子中学生から34歳で高め、女35-49歳と男女50-74歳で低い。
>
> **収集**：男女園児・小学生（特に女子園児・小学生）と女子中学生 -19歳で高く、男 35-49 歳と男女 50-74 歳で低い。
>
> **カタルシス・非日常感**：男女園児・小学生と男子中学生から34歳で高め、女 35-49 歳と男女 50-74 歳で低い。

表 3.7　性・年齢別：提供体験因子得点平均値

		3~74歳男女全体	小学生園児男子	中学生男子19歳	男20~34歳	男35~49歳	男50~74歳	小学生園児女子	中学生女子19歳	女20~34歳	女35~49歳	女50~74歳
	サンプル数	1,165	120	104	122	110	128	123	109	122	102	125
提供体験因子	癒し・安らぎ	0.000	0.166	0.094	0.128	-0.075	-0.542	0.208	0.268	0.239	-0.162	-0.281
	参加・注目・同一視	0.000	0.348	0.411	0.326	-0.146	-0.441	0.318	0.027	-0.049	-0.378	-0.394
	郷愁・幼年回帰	0.000	-0.001	0.269	0.269	0.103	-0.364	0.074	0.059	0.148	-0.225	-0.289
	収集	0.000	0.368	0.108	-0.036	-0.222	-0.533	0.458	0.215	0.179	-0.164	-0.346
	カタルシス・非日常感	0.000	0.398	0.236	0.300	-0.111	-0.425	0.228	0.077	0.029	-0.321	-0.397

凡例：■ 0.4以上　　-0.2~-0.4　　0.2~0.4　　-0.4以下

「癒し・安らぎ」が、ファンシー系キャラの支持が強い 34 歳以下女性で共通して高く、マンガ・アニメに登場するキャラクターへのなりきりや没入感を示す「参加・注目・同一視」や「カタルシス・非日常感」が、マンガ原作系の支持が強い 34 歳以下男性で共通して高いのが特徴的である。また、子どもの頃からテレビのゴールデンタイム帯に放送されていたアニメや、日常生活動線上で展示・販売されていた玩具、文具、日用雑貨グッズを通してキャラクターに接してきた人が多いであろう男女 35 歳以上で「郷愁・幼年回帰」が低いのは、意外な結果であった。

3.5　企業の広告やパッケージ使用によるキャラクター活用効果

3.5.1　因子分析による活用効果因子の抽出

　表 3.8 は、キャラクターに関する「活用効果」計 26 項目 [8] の因子分析結果である。3 つの因子のうち、出現率で特に多いのは「注目・親近感・好意・記憶」であった。

表 3.8　キャラクターに関する「活用効果」：因子分析結果

男女3〜74歳全体　（N=1,165）	因子負荷量			かなり＋まあ当てはまる（％）
パターン行列*	1 注目・親近感・好意・記憶	2 理解・話題共有・拡散	3 探索・信頼・評判	
目にとまりやすくなる	1.025	−0.197	−0.027	59.7
意識しなくても、つい視野に入ってくる	0.846	0.066	−0.032	50.0
キャラを見かけたときに、その企業や商品の広告が思い浮かびやすくなる	0.708	−0.017	0.203	47.0
同じキャラが長期間その企業や商品の広告に出演し続けていても、飽きがこない	0.698	0.092	0.097	43.9
家族向けや子ども向けの商品への興味が高まる	0.613	0.093	0.133	43.3
その企業や商品を身近に感じる	0.578	0.061	0.264	43.5
言っていることが、記憶に残りやすくなる	0.560	0.297	0.050	39.7
どんな人にも、幅広く受け入れられやすい	0.553	0.060	0.259	43.3
その企業や商品に好感を持つ	0.509	0.015	0.386	43.9
その企業の商品を欲しくなる・サービスを利用したくなる	0.348	0.282	0.276	35.8
家族や友人知人など、まわりの人たちに話したくなる	0.243	0.811	−0.178	33.1
ネット（Twitter、Facebook、LINE、Instagram、掲示板、ブログなど）に書き込みたくなる	−0.273	0.747	0.201	18.8
言っていることが自分や家族に向けられている・関係ありそうな気がする	0.038	0.643	0.206	26.3
その企業のウエブサイトを見てみたくなる	−0.047	0.595	0.327	21.5
家族や友人との共通の話題になる	0.379	0.545	−0.062	37.3
言っていることを見たり聞いたりする気になる	0.303	0.500	0.104	33.5
その企業の商品・サービスを、購入・利用し続けたいと思う	0.244	0.448	0.201	33.1
どんな企業や商品・サービスなのか知りたくなる	0.268	0.421	0.237	34.4
言っていることが、わかりやすくなる	0.202	0.348	0.331	30.9
その企業や商品を安心感のあるものだと感じる	0.143	0.144	0.615	33.6
その企業や商品を信頼できるものだと感じる	0.078	0.257	0.577	29.9
その企業や商品に主張やこだわりがあると感じる	0.113	0.237	0.551	29.8
その企業の活動を、応援したくなる	0.150	0.250	0.520	33.0
その企業や商品にセンスの良さを感じる	0.237	0.195	0.487	37.7
その企業に関する情報を知りたくなる	0.044	0.379	0.487	28.8
その企業や商品が世間や周囲で評判が良いと感じる	0.152	0.310	0.458	33.5
因子抽出法：主因子法	67.3	2.9	1.1	
回転法：Kaiser の正規化を伴うプロマックス法				
a. 12 回の反復で回転が収束しました。	67.3	70.3	71.4	

凡例：因子負荷量が0.6以上／因子負荷量が0.4以上0.6未満／因子負荷量が0.2以上0.4未満

> 注目・親近感・好意・記憶：男女園児・小学生で高め、男女 50-74 歳で低い。
> 理解・話題共有・拡散：女子園児・小学生、次いで男子中学生から 34 歳で高く、男女 50-74 歳で低い。
> 探索・信頼・評判：男子中学生から 34 歳で高く、男女 50-74 歳で低い。

3.5.2　性・年齢別の活用効果因子得点比較

　活用効果因子得点の平均値を算出して性・年齢別に比較したところ、以下の傾向が確認された（**表 3.9**）。

　「注目・親近感・好意・記憶」が、キャラクターへの好意

度が全般に高い男女園児・小学生で高くなるのは、Heider
（1946）や小嶋（1993）によるタレント・キャラクターへの
親しみや好意度が活用企業・商品への親しみや好意度を向
上させる「バランス理論」や、McCracken（1989）の「意
味移転モデル」を裏づける結果といえる。また、インター
ネット、特にスマートフォンの普及による「探索・信頼・評
判」（2005 年に電通が提唱した消費者購買行動モデル AISAS
の「Search」に該当）や「理解・話題共有・拡散」（AISAS の
「Share」に該当）が、中学生から 34 歳の若い男性で顕著な点
も興味深い。

表 3.9　性・年齢別：活用効果因子得点平均値

		男女3〜74歳全体	小学男子園児・生	中学男子生〜19歳	男20〜34歳	男35〜49歳	男50〜74歳	小学女子園児・生	中学女子生〜19歳	女20〜34歳	女35〜49歳	女50〜74歳
	サンプル数	1,165	120	104	122	110	128	123	109	122	102	125
活用効果因子	注目・親近感・好意・記憶	0.000	0.291	0.070	0.147	-0.123	-0.567	0.320	0.106	0.082	-0.048	-0.241
	理解・話題共有・拡散	0.000	0.185	0.209	0.249	-0.125	-0.483	0.301	0.099	0.062	-0.142	-0.317
	探索・信頼・評判	0.000	0.080	0.237	0.261	-0.023	-0.440	0.189	0.055	0.007	-0.079	-0.235

凡例：■ 0.4以上　▨ -0.2〜-0.4　▨ 0.2〜0.4　□ -0.4以下

3.6　想起キャラタイプクラスターによる傾向比較

3.6.1　想起キャラタイプクラスターの作成

ここまでの分析で、キッズ・ティーン・ヤング層でキャラ
クターへの反応が良好であること、シニア層で反応が弱いこ
とが確認された。ただし、好きなキャラクターのタイプや
キャラクターへの反応は、必ずしも性・年齢のみで規定され
るわけでなく、シニア層でも反応が良好な層は一部で存在す
る。また、マンガ原作系やファンシー系など好きなキャラク
ターのタイプによって、キャラクターに求める体験価値が異

なり、広告や各種プロモーションで強調する点も違ってくる
ものと予想される。

　そこで、好きなキャラクターの純粋想起結果を各キャラ
クターの出自で分類したアプローチをサンプル単位で用
いて、調査対象者のタイプ分類を行った。そうすること
で、作成された各クラスターがどんな属性を持ち、どんな
接点に触れることで、提供体験がどう強化され、どんな
活用効果が見込めるのかが比較可能となる。具体的には
「キャラクター定量調査 2021」の調査対象サンプルごとに、
好きなキャラクターの純粋想起内容（好きな順に 3 つまで記
入）が「マンガ原作系」「絵本・ゲーム等原作系」「オリジナ
ル系」「ファンシー系」「企業キャラ」「ご当地キャラ」の各
タイプに該当した場合はそれぞれ「1」、非該当・無記入の場
合は「0」と分類し、上記 6 タイプそれぞれについて最小値
0 から最大値 3 までの整数値データを作成して、k-means 法
による非階層クラスター分析を行った。その結果、以下の 4
クラスターが算出された（図 3.4）。

　4 つのクラスターは、想起キャラのほとんどがファンシー
系の「ファンシー系ファン層」、ほとんどがマンガ原作系の
「マンガファン層」と、どのタイプのキャラの想起数も少な
く、ご当地キャラが僅かに多めの「無関心層」、そして絵本・
ゲーム等原作系が多く、マンガ原作系、ファンシー系、オリ
ジナル系も比較的多い「キャラ・アニメ・ゲームファン層」
と命名した。

　算出された想起キャラタイプ 4 クラスターで、キャラク
ター好意度と可処分所得平均月額、出現率でバブルチャート

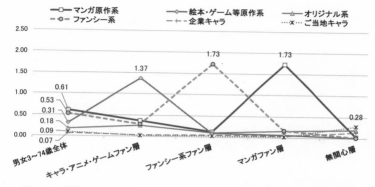

図 3.4　想起キャラタイプ 4 クラスターの出自別キャラ平均回答数

を作成し（**図 3.5**）、性・年齢構成も確認した（**図 3.6**）。

　各クラスターの傾向を以下に記す。

キャラ・アニメ・ゲームファン層：出現率 19.7 %。キャラクター好意度は 71.7 %で最も高い。男子園児・小学生が全体の 1/4 を占め、女子園児・小学生が次ぐなど、平均年齢が低く、男女 50-74 歳が少ない。可処分所得平均月額は 28,519 円で男女 3 ～ 74 歳全体より多め。

ファンシー系ファン層：出現率 24.4 %。キャラクター好意度は 66.5 %で高め。女性が 8 割近くを占め、特に多いのは女子中学生 -19 歳。男性はどの年代も少ない。可処分所得平均月額は 24,832 円で最も少ない。

マンガファン層：出現率 28.8 %で最も多い。キャラクター好意度は 61.5 %で高め。男性が約 6 割を占め、特に多いのは男子中学生から 34 歳で、男 35 歳から 74 歳も比較的多いのが特徴。女 35 歳以上は少ない。可処分所得平均月額は 28,872 円で最も多い。

無関心層：出現率 27.1 %。キャラクター好意度は 25.9 %で極めて低い。男 35-49 歳と男女 50-74 歳が多く、女子園児・小学生から 34 歳が少ないなど、平均年齢が高い。可処分所得平均月額は 26,596 円で男女 3 ～ 74 歳全体より少なめ。

　想起キャラタイプ 4 クラスターで特徴的な性・年齢は、キャラ・アニメ・ゲームファン層が男女キッズ（特に男子）、

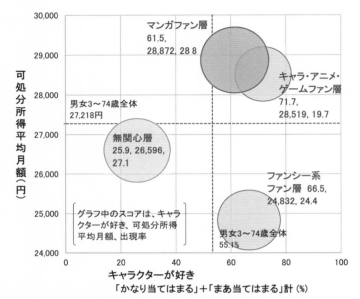

図3.5　想起キャラタイプ4クラスターのバブルチャート（キャラクター好意度、可処分所得平均月額、出現率）

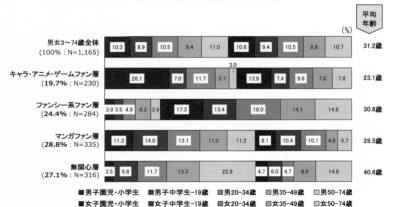

図3.6　想起キャラタイプ4クラスター別：性・年齢構成

ファンシー系ファン層が女性全般、マンガファン層が男性全般、無関心層が男ミドルと男女シニアであることが明らかになった。

3.6.2 想起キャラタイプクラスターによる日常接点・提供体験・活用効果の違い

続いて、想起キャラタイプ4クラスターで日常接点・提供体験・活用効果の各因子得点平均値を算出した（**表3.10**）。想起キャラタイプ4クラスターによる平均値の差はいずれも分散分析で有意であり、以下の傾向が確認された。

これらの結果から、以下のことが明らかになった。
①日常接点では、玩具・雑貨・グッズ・ショーなど3次元でリアルに存在するものに接する機会が多いのがファンシー系ファン層とキャラ・アニメ・ゲームファン層、TVアニメ・映画・マンガ・動画・映像ソフトなど2次元でストーリーが付随するものに接する機会が多いのがマンガファン層とキャラ・アニメ・ゲームファン層、クチコミに接する機会が多いのがキャラ・アニメ・ゲームファン層である。②提供体験では、癒し・安らぎと収集欲が刺激されるのがキャラ・アニメ・ゲームファン層とファンシー系ファン層、参加・注目・同一視とカタルシス・非日常感、つまり作品世界に没頭してなりきり気分が高まるのがキャラ・アニメ・ゲームファン層である。③活用効果では、広告や商品への注目・親近感・好意・記憶が高まるのがキャラ・アニメ・ゲームファン層とファンシー系ファン層、探索・信頼・評判が高まるのがキャ

表 3.10　想起キャラタイプ4クラスター別：日常接点・提供体験・活用効果因子得点平均値

■0.4以上　▨-0.2～-0.4 ▧0.2～0.4　□-0.4以下		男女3～ 74歳全体	キャラ・アニメ・ ゲームファン層	ファンシー 系ファン層	マンガファン層	無関心層
	サンプル数	1,165	230	284	335	316
日常接点因子	玩具・雑貨・グッズ・ショー	0.000	0.219	0.325	0.035	-0.489
	2.5次元舞台・ライブ配信・コラボカフェ	0.000	0.092	0.045	0.160	-0.277
	TVアニメ・映画・マンガ・動画・映像ソフト	0.000	0.268	-0.047	0.287	-0.457
	SNS・LINE・公式サイト	0.000	0.046	0.140	0.163	-0.332
	TV（アニメ・映画以外）	0.000	0.020	0.168	0.079	-0.250
	クチコミ	0.000	0.220	0.032	0.152	-0.349
提供体験因子	癒し・安らぎ	0.000	0.268	0.243	0.116	-0.536
	参加・注目・同一視	0.000	0.249	0.043	0.156	-0.385
	郷愁・幼年回帰	0.000	0.174	0.160	0.151	-0.430
	収集	0.000	0.245	0.239	0.074	-0.471
	カタルシス・非日常感	0.000	0.255	0.048	0.175	-0.415
活用効果因子	注目・親近感・好意・記憶	0.000	0.242	0.226	0.130	-0.517
	理解・話題共有・拡散	0.000	0.175	0.164	0.150	-0.433
	探索・信頼・評判	0.000	0.211	0.169	0.135	-0.449

キャラ・アニメ・ゲームファン層：最も多くの因子に反応
〔日常接点〕「TVアニメ・映画・マンガ・動画・映像ソフト」が最も多い。「クチコミ」「玩具・雑貨・グッズ・ショー」も多め。
〔提供体験〕「癒し・安らぎ」「収集」と「カタルシス・非日常感」「参加・注目・同一視（なりきり）」が混在。
〔活用効果〕「注目・親近感・好意・記憶」が最も多く、「探索・信頼・評判」も多め。

ファンシー系ファン層：グッズによる癒し・安らぎと収集に反応
〔日常接点〕「玩具・雑貨・グッズ・ショー」が最も多い。
〔提供体験〕「癒し・安らぎ」「収集」が多い。
〔活用効果〕「注目・親近感・好意・記憶」が多い。

マンガファン層：アニメ・マンガ・映画などに反応
〔日常接点〕「TVアニメ・映画・マンガ・動画・映像ソフト」が最も多い。
〔提供体験〕「参加・注目・同一視（なりきり）」と「郷愁・幼年回帰」が僅かに多め。
〔活用効果〕「理解・話題共有・拡散」が僅かに多め。

無関心層：どの因子得点も低く、無反応
〔日常接点〕特に「玩具・雑貨・グッズ・ショー」「TVアニメ・映画・マンガ・動画・映像ソフト」に反応せず。
〔提供体験〕特に「癒し・安らぎ」「収集」に反応せず。
〔活用効果〕特に「注目・親近感・好意・記憶」に反応せず。

ラ・アニメ・ゲームファン層である。

3.7　SEM によるキャラクター活用効果モデル作成

3.7.1　調査対象者全体（男女3〜74歳全体）結果

　ここまでの分析結果を踏まえて、キャラクターに関する日常接点、提供体験、活用効果の3つの潜在変数を用いて、SEM（構造方程式モデリング）によるモデル化[9]を試行した。

　日常接点36項目、提供体験21項目、活用効果26項目と、もとの調査項目すべてを使ってパス図を描いた場合は極めて煩雑かつ多重共線性などの弊害も出てくるため、ここで使用する観測変数は、model 1：各因子の因子得点を使用、model 2：各因子で因子負荷量が高い項目の回答結果を足し上げた合計値を使用して、両者の適合度を比較した。model 2 は、例えば2項目で構成される観測変数『クチコミ』の場合、「家族や友人知人から聞いた話」＋「自分のまわりの、他の人たち同士の話」（回答結果はそれぞれ「まったく当てはまらない」1、「あまり当てはまらない」2、「まあ当てはまる」3、「かなり当てはまる」4の整数値）＝2〜8の合計値を算出して使用している。

　観測変数に因子得点を使用した model 1（図3.7）は GFIが0.752、観測変数に各項目の合計値を使用した model 2（図3.8）は GFI が0.813となった。いずれもモデル適合度の点で精度が高いとは言い難いが、日常接点から活用効果に及ぼす影響は、直接よりも提供体験を経由した場合に大きくなることが共通して確認された。これは、日常接点を通して提

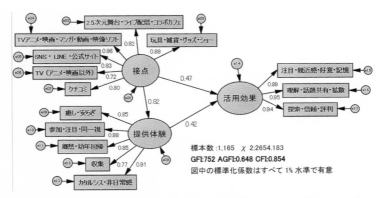

図 3.7　男女 3 〜 74 歳全体の SEM 結果（model 1：各因子の因子
　　　　得点を使用）

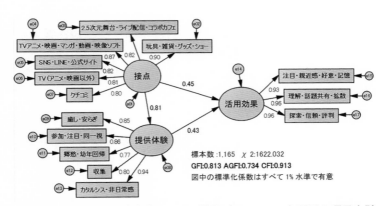

図 3.8　男女 3 〜 74 歳全体の SEM 結果（model 2：各因子の項目合計
　　　　値を使用）

供されたキャラクターの持つ体験価値が、消費者の情動を刺
激して、プロモーション活用効果が増幅されることを裏づけ
る結果といえる。以降の分析では、モデル適合度が相対的に

高い、観測変数に各項目の合計値を使用した model 2 を用い
ていく。

3.7.2　性・年齢別結果

　model 2 を用いて性・年齢別に集計した、潜在変数間の関
係を示す標準化係数を**表 3.11** に記す。

表 3.11　性・年齢別：潜在変数間の関係（標準化係数）

《潜在変数間の関係》	標準化係数									
■ 標準化係数が0.8以上 ■ 標準化係数が0.6~0.8 ■ 標準化係数が0.4~0.6	男子園児・ 小学生	男子中学生 -19歳	男20- 34歳	男35- 49歳	男50- 74歳	女子園児・ 小学生	女子中学生 -19歳	女20- 34歳	女35- 49歳	女50- 74歳
提供体験　<--- 接点	0.660	0.795	0.822	0.731	0.871	0.843	0.775	0.789	0.688	0.850
活用効果　<--- 接点	0.583	0.487	0.189	0.614	0.564	0.565	0.506	0.305	0.199	0.245
活用効果　<--- 提供体験	0.355	0.439	0.718	0.293	0.393	0.296	0.280	0.486	0.671	0.582

　いずれの性・年齢でも共通して高いのが**接点→提供体験**
のパスで、特に男女 50-74 歳で目立って高くなった。
接点→活用効果のパスは、男 35-49 歳と男女園児・小学
生が高い一方、男 20-34 歳と女 35-49 歳で低いのに対し、
提供体験→活用効果のパスは、男 20-34 歳と女 35-49 歳で高
い一方、男 35-49 歳と男女園児・小学生で低いなど、反対の
傾向を示す結果となった。

　性・年齢による潜在変数間のパス（標準化係数）の差を検
定した結果を**表 3.12** に記す。

　接点→提供体験のパスは全般に性・年齢による違いが少な
く、**接点→活用効果**のパスと**提供体験→活用効果**のパスは、
男 20-34 歳と他年齢層、女 35-49 歳と他年齢層で傾向が異な
る様子がうかがえる。

　潜在変数と観測変数の関係を示す標準化係数を**表 3.13** に記

表 3.12　性・年齢による潜在変数間の標準化係数の差の検定結果

提供体験　<--- 接点

	男子園児・小学生	男子中学生-19歳	男20-34歳	男35-49歳	男50-74歳	女子園児・小学生	女子中学生-19歳	女20-34歳	女35-49歳	女50-74歳
男子園児・小学生										
男子中学生-19歳										
男20-34歳										
男35-49歳										
男50-74歳	**	*		*						
女子園児・小学生										
女子中学生-19歳					*					
女20-34歳			***							
女35-49歳					***					
女50-74歳									*	

活用効果　<--- 接点

	男子園児・小学生	男子中学生-19歳	男20-34歳	男35-49歳	男50-74歳	女子園児・小学生	女子中学生-19歳	女20-34歳	女35-49歳	女50-74歳
男子園児・小学生										
男子中学生-19歳										
男20-34歳	**									
男35-49歳			***							
男50-74歳			***							
女子園児・小学生			*							
女子中学生-19歳										
女20-34歳				**	*					
女35-49歳	***	*		***	***	**	*			
女50-74歳				*						

活用効果　<--- 提供体験

	男子園児・小学生	男子中学生-19歳	男20-34歳	男35-49歳	男50-74歳	女子園児・小学生	女子中学生-19歳	女20-34歳	女35-49歳	女50-74歳
男子園児・小学生										
男子中学生-19歳										
男20-34歳	***	*								
男35-49歳			***							
男50-74歳			***							
女子園児・小学生			***							
女子中学生-19歳			***							
女20-34歳			*							
女35-49歳	**			**	*	**	*			
女50-74歳	*			*		*				

＊：5% 水準で有意、＊＊：1% 水準で有意、＊＊＊：0.1% 水準で有意

す。男女園児・小学生で、**提供体験→郷愁・幼年回帰**のパス
が低い、つまりキッズでは懐かしさが提供体験として相対的
に機能しにくいことを示す結果となった。

表3.13　性・年齢別：潜在変数と観測変数の関係（標準化係数）

《潜在変数と観測変数の関係》

■ 標準化係数が0.9以上　■ 標準化係数が0.7～0.8
■ 標準化係数が0.8～0.9　　標準化係数が0.6～0.7

			男子園児・小学生	男子中学生・19歳	男20-34歳	男35-49歳	男50-74歳	女子園児・小学生	女子中学生・19歳	女20-34歳	女35-49歳	女50-74歳
玩具・雑貨・グッズ・ショー	←---	接点	0.859	0.964	0.950	0.938	0.931	0.917	0.902	0.870	0.794	0.902
2.5次元舞台・ライブ配信・コラボカフェ	←---	接点	0.744	0.901	0.866	0.822	0.941	0.728	0.836	0.779	0.879	0.846
TVアニメ・映画・マンガ・動画・映像ソフト	←---	接点	0.775	0.905	0.828	0.741	0.924	0.933	0.923	0.854	0.926	0.874
SNS・LINE・公式サイト	←---	接点	0.703	0.844	0.839	0.892	0.920	0.811	0.860	0.825	0.787	0.841
TV（アニメ・映画以外）	←---	接点	0.756	0.884	0.887	0.749	0.848	0.795	0.753	0.749	0.912	0.889
クチコミ	←---	接点	0.723	0.895	0.757	0.814	0.846	0.723	0.753	0.822	0.817	0.818
癒し・安らぎ	←---	提供体験	0.823	0.882	0.836	0.834	0.900	0.869	0.835	0.766	0.825	0.828
参加・注目・同一視	←---	提供体験	0.849	0.927	0.867	0.844	0.885	0.844	0.827	0.813	0.852	0.858
郷愁・幼年回帰	←---	提供体験	0.679	0.866	0.757	0.843	0.879	0.657	0.724	0.700	0.804	0.865
収集	←---	提供体験	0.714	0.849	0.801	0.755	0.822	0.794	0.765	0.765	0.871	0.778
カタルシス・非日常感	←---	提供体験	0.931	0.960	0.890	0.952	0.925	0.948	0.934	0.949	0.891	0.954
注目・親近感・好意・記憶	←---	活用効果	0.883	0.949	0.943	0.927	0.954	0.880	0.931	0.907	0.937	0.929
理解・話題共有・拡散	←---	活用効果	0.946	0.967	0.954	0.946	0.962	0.963	0.950	0.986	0.942	0.959
探索・信頼・評判	←---	活用効果	0.919	0.978	0.953	0.993	0.970	0.944	0.974	0.930	0.927	0.980

3.7.3　想起キャラタイプクラスター別結果

　model2を用いて想起キャラタイプクラスター別に集計した、潜在変数間の関係を示す標準化係数を表3.14に記す。

　クラスターによる違いは、性・年齢よりも全般に少ない。いずれのクラスターでも共通して高いのが接点→提供体験のパスで、特にマンガファン層で高い結果となった。接点→活用効果のパスは、キャラ・アニメ・ゲームファン層が高い一方、マンガファン層で低いのに対し、提供体験→活用効果のパスは、マンガファン層で高めの結果

表3.14　想起キャラタイプクラスター別：潜在変数間の関係（標準化係数）

《潜在変数間の関係》

■ 標準化係数が0.8以上
■ 標準化係数が0.6～0.8
　標準化係数が0.4～0.6

		キャラ・アニメ・ゲームファン層	ファンシー系ファン層	マンガファン層	無関心層
提供体験	←--- 接点	0.771	0.790	0.807	0.793
活用効果	←--- 接点	0.544	0.474	0.323	0.502
活用効果	←--- 提供体験	0.386	0.387	0.496	0.387

となった。

　想起キャラタイプクラスターによる潜在変数間のパス（標準化係数）の差を検定した結果を**表3.15**に記す。全般に各パスともクラスターによる違いは少なく、**接点→提供体験**のパスでファンシー系ファン層と無関心層、**接点→活用効果**のパスでマンガファン層とキャラ・アニメ・ゲームファン層および無関心層で差が有意な程度で、**提供体験→活用効果**のパスはいずれも有意差が見られなかった。

　潜在変数と観測変数の関係を示す標準化係数を**表3.16**に記す。男女キッズ（特に男子）が多く含まれるキャラ・アニメ・ゲームファン層で、**提供体験→郷愁・幼年回帰**のパスが

表3.15　想起キャラタイプクラスターによる潜在変数間の標準化係数の差の検定結果

提供体験　　　　＜ーー　接点

	キャラ・アニメ・ゲームファン層	ファンシー系ファン層	マンガファン層	無関心層
キャラ・アニメ・ゲームファン層				
ファンシー系ファン層				
マンガファン層				
無関心層		**		

活用効果　　　　＜ーー　接点

	キャラ・アニメ・ゲームファン層	ファンシー系ファン層	マンガファン層	無関心層
キャラ・アニメ・ゲームファン層				
ファンシー系ファン層				
マンガファン層	*			
無関心層			**	

活用効果　　　　＜ーー　提供体験

	キャラ・アニメ・ゲームファン層	ファンシー系ファン層	マンガファン層	無関心層
キャラ・アニメ・ゲームファン層				
ファンシー系ファン層				
マンガファン層				
無関心層				

＊：5%水準で有意、＊＊：1%水準で有意、＊＊＊：0.1%水準で有意

低い結果となった。

表 3.16　想起キャラタイプクラスター別：潜在変数と観測変数の関係（標準化係数）

《潜在変数と観測変数の関係》

■ 標準化係数が0.9以上　■ 標準化係数が0.7～0.8
■ 標準化係数が0.8～0.9　■ 標準化係数が0.6～0.7

			標準化係数			
			キャラ・アニメ・ゲームファン層	ファンシー系ファン層	マンガファン層	無関心層
玩具・雑貨・グッズ・ショー	<---	接点	0.887	0.875	0.891	0.929
2.5次元舞台・ライブ配信・コラボカフェ	<---	接点	0.791	0.792	0.845	0.882
TVアニメ・映画・マンガ・動画・映像ソフト	<---	接点	0.843	0.901	0.822	0.934
SNS・LINE・公式サイト	<---	接点	0.730	0.782	0.834	0.858
TV（アニメ・映画以外）	<---	接点	0.753	0.840	0.808	0.849
クチコミ	<---	接点	0.758	0.804	0.761	0.831
癒し・安らぎ	<---	提供体験	0.834	0.768	0.814	0.878
参加・注目・同一視	<---	提供体験	0.867	0.811	0.856	0.895
郷愁・幼年回帰	<---	提供体験	0.697	0.737	0.715	0.871
収集	<---	提供体験	0.824	0.738	0.732	0.856
カタルシス・非日常感	<---	提供体験	0.947	0.942	0.913	0.933
注目・親近感・好意・記憶	<---	活用効果	0.917	0.903	0.918	0.925
理解・話題共有・拡散	<---	活用効果	0.961	0.944	0.962	0.977
探索・信頼・評判	<---	活用効果	0.938	0.955	0.943	0.964

3.8　まとめ

　この章では、「キャラクター」に関する消費者行動を探るため、2021 年 11 月に男女 3 ～ 74 歳 1,165 人を対象として実施した定量調査データを用いて、以下の傾向を確認した。

1）キャラクターファンについて、テレビアニメ、ネットアニメ・動画、アニメ映画、マンガなど作品型コンテンツの各ファンと比較した。キャラクターファンのマーケットボリュームは 55.1 ％で、性・年齢構成は男女とも園児・小学生が多く、50 ～ 74 歳が少ない。可処分所得月額は約 2 万 6,000 円で男女 3 ～ 74 歳全体より 1,000 円少ない。

2) 好きなキャラクターの純粋想起上位は、男性は全般に少年期に好きだったマンガ原作系が、女性は各年齢層ともファンシー系が上位を占める結果となった。

3) キャラクターを企業や団体のマーケティングプロモーション活動に活用した場合の効果を明らかにすべく、①日常接点、②提供体験（キャラに接することで得られる体験価値）、③活用効果、を因子分析で集約し、因子得点平均値を比較することで、性・年齢別の特徴を整理した。その結果、全般に各日常接点とも男子中学生から34歳と女子園児・小学生で高く、SNSなどデジタル接点は女子中学生から34歳で高いこと、提供体験では、ファンシー系キャラの支持が強い34歳以下女性で「癒し・安らぎ」が共通して高く、マンガ原作系の支持が強い34歳以下男性でマンガ・アニメに登場するキャラクターへのなりきりや没入感を示す「参加・注目・同一視」や「カタルシス・非日常感」が共通して高いこと、活用効果では、キャラクターへの好意度が全般に高い男女園児・小学生で「注目・親近感・好意・記憶」が高いこと、中学生から34歳の若い男性で「探索・信頼・評判」や「理解・話題共有・拡散」が高いことを確認した。

4) 好きなキャラクターの純粋想起結果で調査対象者のタイプ分類を行い、抽出された4クラスターから、「ファンシー系ファン層」が女性全般、「マンガファン層」が男性全般、「無関心層」が男ミドルと男女シニア、絵本・ゲーム等原作系が多く、マンガ原作系、ファンシー系、オリジナル系も比較的多い「キャラ・アニメ・ゲームファ

ン層」が男女キッズ・特に男子でそれぞれ多いことがわかった。

5) SEM によるキャラクター活用効果モデルを作成した結果、日常接点から活用効果に及ぼす影響は、直接よりも提供体験を経由した場合に大きいことがわかった。これは、キャラクターの持つ体験価値が消費者の情動を刺激して、プロモーション活用効果を増幅することを裏づける結果である。なお、性・年齢別での**提供体験→活用効果**のパスは、男 20-34 歳と女 35-49 歳で高い一方、男 35-49 歳と男女園児・小学生で低くなった。想起キャラタイプクラスターでは、**接点→提供体験**、**提供体験→活用効果**のパスが「マンガファン層」で高めとなった。

　SEM の結果、男 20-34 歳と女 35-49 歳が他の性・年齢層と異なる傾向になったが、前者は自身の楽しみのためにキャラクター消費活動を金額的にも自由に行える層で、後者は自身のためにも子どものためにもキャラクター消費活動が活発になりやすい層である。日本が誇るキャラクターに関するビジネス活性化を促すうえでも、定量的なアプローチでの分析事例がいまだに少ないキッズ・ティーン以外でのキャラクター活用効果を明らかにすべく、今後さらなる分析を進めていきたい。

　最後に、長年に及ぶ共同研究者であり、今回執筆でもお声がけくださって貴重な機会をご用意いただきました大阪公立大学の荒木長照先生に、心から感謝を申し上げます。

注

1) CM総合研究所が発表した2021年度銘柄別CM好感度トップ10（全6,737銘柄）の1位が「三太郎」、2位が「5Gってドラえもん？」だった（東洋経済ONLINE「激動2021年『視聴者に刺さったCM』納得の共通点」より、（https://toyokeizai.net/articles/-/477256 2022年8月5日参照）。

2) 一般社団法人キャラクターブランド・ライセンス協会主催で2022年6月29日に東京ビッグサイト「ライセンシング ジャパン」の会場内で表彰式を行い、グランプリを発表。

3) ブランドや広告の認知度調査を行うときなどに、名称や画像などのヒントを与えずに思い出したブランド名や広告名（ここではキャラクター名）を自由に回答してもらう方法。今回は、「あなたが好きな『キャラクター』は何ですか。好きな順に『3つ』までお書きください。」と質問した自由記入回答について、表記のゆれを統一したうえで、作品単位で集計。

4) 「あなたがふだん、お好きなキャラクターや気になるキャラクターと接することが多いのはどれですか？」の設問に、「かなり当てはまる」「まあ当てはまる」「あまり当てはまらない」「まったく当てはまらない」の4段階評価で回答。

5) これ以降の因子分析は、IBM SPSS Statistics 28を用いて集計。

6) 平均0、分散1。以降の因子得点も同様。

7) 「あなたは、『キャラクター』を通して『どんな気持ちになりたい』と思っていますか。あなたがお好きなキャラクターや気になるキャラクターを思い浮かべながらお知らせください。」の設問に、「かなり当てはまる」「まあ当てはまる」「あまり当てはまらない」「まったく当てはまらない」の4段階評価で回答。

8) 「『キャラクター』が、パッケージ・おまけなどで商品に付いたり、広告・キャンペーンで使われることで、どのようにお感じになりますか？　あなたがお好きなキャラクターや気になるキャラクターを思い浮かべながらお知らせください。」の設問に、「かなり当てはまる」「まあ当てはまる」「あまり当てはまらない」「まったく当てはまらない」の4段階評価で回答。

9) IBM SPSS Amos 28を用いて集計。

参考文献

青木幸弘（2000）, "ブランド構築におけるキャラクターの役割", 青木幸弘, 岸志津江, 田中洋編『ブランド構築と広告戦略』第13章 P345-374, 日経広告研究所.

荒木長照（2000）, "耐久経験消費財としてのキャラクター商品に対する消費

行動の分析", バンダイキャラクター研究所.

キャラクターマーケティングプロジェクト (2002), 『図解でわかるキャラクターマーケティング』, 日本能率協会マネジメントセンター.

小泉秀昭 (1999), "ブランド構築における有名人広告の戦略的考察", 『日経広告研究所報』, 187 号 P40-45.

小嶋外弘 (1993), "広告におけるイメージとシンボル" (小嶋外弘・林英夫・小林貞夫編著 『広告の心理学』 第 3 章 P78-85), 日経広告研究所.

東洋経済 ONLINE 「激動 2021 年 『視聴者に刺さった CM』 納得の共通点」, (https://toyokeizai.net/articles/-/477256 2022 年 8 月 5 日参照).

電通キャラクター・ビジネス研究会編 (1994), 『キャラクタービジネス　親しみと共感のマーケティング』, 電通.

豊田秀樹 (2007), 『共分散構造分析 [Amos 編]』, 東京図書

野澤智行 (2011), "マーケティング 3.0 の時代に, キャラクターは 『ソーシャルコミュニケーター』 として機能するか？", 日本広告学会　第 42 回全国大会報告資料.

Aaker, D. A. (1991). *Managing Brand Equity,* New York:Free Press. (陶山計介・中田善啓・尾崎久仁博・小林哲 訳 (1994).『ブランド・エクイティ戦略：競争優位をつくりだす名前、シンボル、スローガン』ダイヤモンド社).

Heider, F. (1946), "Attitudes and cognitive organization," *The Journal of Psychology,* 21, 107-112.

Hovland, C. I. and W. Weiss (1951), "The influence of source credibility on communication effectiveness," *Public Opinion Quarterly,* 15(4), p.635-650.

McCracken, G. (1989), "Who Is the Celebrity Endorser? Cultural Foundation of the Endorsement Process," *Journal of Consumer Research,* 16 (December), p.310-321.

第4章

インバウンド観光における
コンテンツと観光土産

―「どらやき」の研究 ―

4.1　はじめに

　本章では、中国人消費者の「どらやき」の認知に焦点を当て、ポスト・コロナの観光意向と「どらやき」の認知の関係について分析を行う。これまでの観光土産に関する研究で中国人消費者のブランド認知において、「どらやき」を主力商品とする日本の中堅メーカーである「丸京」の社名（企業ブランド）の認知度が高いケースが認められ、その理由として「どらやき」が中国でも人気が高いアニメキャラクター「ドラえもん」の好物であることが推測される（辻本 2020）。中国では日本のアニメ映画の人気が高く、ドラえもんの映画は、2015 年上映の「STAND BY ME ドラえもん」が興行収入 5.3 億元、2018 年上映の「ドラえもんのび太の宝島」が興行収入 2.1 億元、2021 年上映の「STAND BY ME ドラえもん 2」が興行収入 2.8 億元と安定的に人気があり、衣料品や文具、化粧品など多様な商品カテゴリにおいてキャラクター商品が展開されている（分部 2021）。そのため、日本のアニ

メに対する関心の程度が、日本の菓子のブランド認知に影響を及ぼしている可能性が考えられる。

　ポスト・コロナのインバウンド観光における効果的なマーケティングのためには、主要ターゲットである中国人旅行者の観光意向の影響を考慮したブランド認知のメカニズムを解明することが必要である。ブランド認知と観光意向の関係が明らかになれば、旅行中や旅行前後に、旅行者の観光意向に対応したコンタクトポイントにおけるマーケティング・コミュニケーションが可能になるからである。

　そこで、本章では「自然・癒し観光」「歴史・文化学習観光」「ポップカルチャー観光」「ご当地グルメ観光」「有名ブランド観光」の5つの因子からなる観光意向の2次因子モデルを仮定し、多母集団の平均構造分析により、中国人消費者の「どらやき」の認知と観光意向の関係を明らかにしている。

4.2　インバウンド観光における観光土産

4.2.1　インバウンド観光の現状

　2020年初頭からの新型コロナウイルス感染症の影響で、2019年に過去最高の3,188万人であった訪日外国旅行者数が2020年には412万人、2021年には25万人となりインバウンド需要は消滅している状況である（国土交通省 2022）。しかし、インバウンド観光は今後も日本における重要な経済施策であり、新型コロナウイルス感染症収束後のインバウンド観光の再開を見据え、中国人旅行者の日本に対する観光意向を把握することが必要である。しかし、これまでの観光意向の

研究では、旅行と切り離せない旅行者の「買い物」に焦点を当てた研究が少ない。

　2019年の訪日外国人の観光土産の購買と見なせる買い物代 は1兆6,690億円であり、そのうち中国人旅行者は9,365億円で全体の56.1％を占め、観光土産のインバウンド消費においての主要なターゲットであった（観光庁 2020）。インバウンド観光で観光土産として購買された商品が、越境EC（国境をまたぐオンライン上の商取引）などによりリピート購買されれば、観光土産の消費拡大がはかられ、経営資源が限られる地域の観光事業者がグローバルな販路を獲得でき、今回のようなパンデミックによる観光の移動制限が生じた場合でも販路の複線化によるリスクの分散が可能になる。

　消費者がブランドを認知している場合に起きるブランド想起は、消費者の心の中におけるブランドの存在感の強さと関係があり、リピート購買の決定的な要因になるとされる（Aaker 1995）。そのため、ポスト・コロナの観光土産のリピート購買促進のためには、中国人旅行者の訪日観光の意向の影響を考慮したブランド認知の形成のメカニズムを解明することが必要である。

4.2.2　観光土産の意思決定プロセスとブランド認知

　消費者の購買意思決定プロセスでは、意思決定は「問題認識」「情報探索」「選択肢評価」「購買」「購買後評価」の順に行われる（Blackwell, Miniard and Engel 2006）。**図4.1** の消費者の購買意思決定プロセスに基づく観光土産の購買意思決定モデルは、観光土産の具体的な購買の意思決定は、まず購

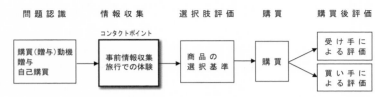

**図 4.1　消費者の購買意思決定プロセスに基づく観光土産の購買意思
　　　　決定モデル**

辻本、田口、荒木（2013）231 頁より筆者修正

　買者が自分のためや、第三者に贈与するために観光土産を購
入したいという動機が生じ、次に、旅行前にガイドブックや
インターネットなどのメディア、家族友人などのクチコミな
どのコンタクトポイントで現地や観光土産に関する情報が収
集されるとともに、旅行中における食事や観光施設でのコン
タクトポイントで収集される情報が追加され、これらの情報
から、購買者は観光土産の商品の選択肢を評価する商品評価
基準を形成していくことで、購買に至り、購買後には、商品
についての評価がなされる（辻本、田口、荒木 2013）。最後
に、観光土産は購買者自身が消費する場合と、購買者が第三
者へ贈与する場合があり、購買者自身への観光土産の場合は
買い手による購買後評価が、贈与された受け手がいる場合に
は双方により評価される。

　購買意思決定プロセスのコンタクトポイントでの「情報収
集」の際には、購買者の旅行前における情報収集や、旅行中
の体験を通して情報が収集されるが、情報を取得しようとす
る動機づけは、個々人の消費者の関与の程度に影響される。
関与とは個人の動機づけられた状態を定義するものであり、

消費者がある対象に関して知覚する重要性や興味、愛着、覚醒、活性化などの程度を意味する（Laaksonen 1994）。つまり、消費者の関与の程度が観光土産のブランド認知の状態に影響を及ぼしていると考えられる。

　ブランド認知とは、あるブランドがある商品カテゴリに明確に属していることを、潜在的購買者が認識あるいは想起できることである（Aaker 1991）。ブランド認知のレベルはブランドを知っているという感覚から、その製品クラスではそれしかないという信念に至るまでさまざまであり、Aaker（1991）による認知のピラミッドは、ブランド認知の3つのレベルを表したものである（図4.2）。ブランド認識はブランド認知の最低限のレベルであり、ブランド名を提示しそのブランド名を聞いたことがあるかどうかを確認する助成想起テストで確かめられる。次のレベルはブランド想起で、ある商品カテゴリを示しブランド名をあげさせる純粋想起テストで確かめられる。ブランド想起はブランド認識よりもかなり困

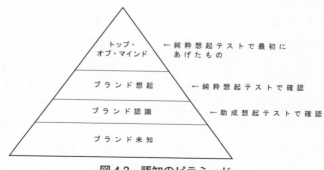

図4.2　認知のピラミッド

出典：Aaker（1991）84頁より引用

難な作業であり、ブランド想起がなされるためには、回答者
の心の中にブランドがより強固な地位を占めていることが必
要であるとされ、さらに、純粋想起テストの際に最初にあげ
たブランド（第一想起ブランド）は、回答者の心の中のトッ
プの認知（トップ・オブ・マインド）という特別の地位を獲
得していると見なされる（Aaker 1991）。

　ブランド想起は、買い物リストに載せることや、契約（リ
ピート購買）の決定的な要因になり、ブランドを単に記憶し
ているという以上のシグナルであるとされる（Aaker 1995）。
つまり、観光土産の企業名や製品名などのブランド名を中国
人旅行者がブランド想起できるか否かが、リピート購買が発
生するための重要な要因になると考えられる（辻本 2021）。
そのため、消費者のブランド認知の程度を確認することが、
ブランドのリピート購買の可能性を予測するために重要であ
る。

4.2.3　買い手と受け手の「どらやき」の認知
　表 4.1 と**表 4.2** は中国人消費者の日本の菓子の 60 ブラン
ド[1] の認知（ブランド認識）について観光土産の買い手と
受け手を対象に実施した調査結果である。買い手の調査は
2019 年に日本を訪れた中国人旅行者で観光土産（食品）を
購買した中国人（北京、上海、広州、深圳に居住する 20 代
から 60 代）を対象に 2020 年 3 月にインターネット調査会社
（株式会社マクロミル）経由で実施した。有効回答数は 443
（男性 197、女性 246）である。受け手の調査は、日本を訪れ
た中国人旅行者から観光土産を受け取った経験のある中国人

表4.1　買い手のブランド認知（認識）

単位：人、%

順位	商品名		認知（認識）	
	日本語名	中国語名	度数 (N=443)	構成比
1	不二家	不二家	192	43.3
2	明治	明治	180	40.6
3	神戸牛	神戸牛肉	171	38.6
4	明治乳業	明治乳業	168	37.9
5	プリッツ（グリコ）	百力滋	165	37.2
6	日清	日清	161	36.3
6	どらやき	铜锣烧	161	36.3
8	白い恋人（石屋製菓）	白色恋人	160	36.1
9	ポッキー（グリコ）	百奇	152	34.3
10	カップヌードル（日清）	合味道	150	33.9
24	丸京	丸京	66	14.9

消費者（北京、上海、広州、深圳の20代から60代）を対象に2021年3月にインターネット調査会社（株式会社クロス・マーケティング）経由で実施した。有効回答数は372（男性192、女性180）である。

　表4.1の買い手のブランド認知では、最も認知度が高いブランドが菓子の企業ブランド（企業名）である「不二家」の43.3%、次に「明治」（40.6%）、地域ブランドである「神戸牛」（38.6%）、企業ブランドの「明治乳業」（37.9%）、個別ブランド（製品名）の「プリッツ」（37.2%）の順となっている。「どらやき」は36.3%で6番目の認知率となっている。なお、「どらやき」は日本人の認知においては和菓子の一般名称と捉えることが妥当であると考えるが、本章では「ドラえもんの好物であるどらやき」を仮定しているので、ブランドとして取り扱う。「どらやき」を主力製品とする企業ブランド「丸

表 4.2　受け手のブランド認知（認識）

単位：人、％

順位	商品名		認知（認識）	
	日本語名	中国語名	度数(N=443)	構成比
1	どらやき	铜锣烧	290	78.0
2	神戸牛	神户牛肉	283	76.1
3	明治	明治	270	72.6
4	明治乳業	明治乳业	266	71.5
5	不二家	不二家	251	67.5
6	プリッツ（グリコ）	百力滋	247	66.4
7	グリコ	格力高	235	63.2
7	白い恋人（石屋製菓）	白色恋人	235	63.2
9	お好み焼き	大阪烧	229	61.6
10	ポッキー（グリコ）	百奇	228	61.3
30	丸京	丸京	125	33.6

京」は 14.9％である。

　表 4.2 の受け手のブランド認知では、最も認知度が高いブランドが「どらやき」の 78.0％、次に「神戸牛」（76.1％）、「明治」（72.6％）、「明治乳業」（71.5％）、「不二家」（67.5％）の順になっている。「丸京」は 33.6％である。観光土産の受け手では「どらやき」の認知率が 60 ブランドで最も高い結果となった。買い手と受け手の認知率を比較すると受け手の認知率が高い傾向にあるが、受け手は観光土産の受贈者を対象にしており、受け取った記憶を保持できている回答者に限定されるためではないかと推測できる。

4.3　コンテンツツーリズムと観光土産

4.3.1　コンテンツツーリズムの定義

　本章は、中国人消費者のマンガやアニメの「ドラえもん」のキャラクターであるドラえもんの好物である「どらやき」の観光土産的な消費者行動について論じているため、インバウンド観光におけるコンテンツツーリズム分野の研究であると見なすこともできる。

　コンテンツツーリズムに関する研究は2010年代から盛んに行われるようになった（佐藤 2019）。コンテンツツーリズムとは「平成16年度国土施策創発調査」（2005）によると「地域に関わるコンテンツ（映画、テレビドラマ、小説、マンガ、ゲームなど）を活用して、観光と関連産業の振興を図ることを意図したツーリズム」のことで、安田（2015）は、コンテンツツーリズムを「小説・映画・テレビドラマ・マンガ・アニメ・ゲーム・音楽・絵画などの作品に興味を抱いて、その作品に登場する舞台、作者ゆかりの地域を訪れる観光現象のことで、コンテンツを通じて醸成された地域固有の『物語性』を観光資源として利活用する観光のこと」と定義している。また岡本（2019）は、コンテンツツーリズムを、コンテンツ（映画、音楽、演劇、文芸、写真、漫画、アニメーション、コンピュータゲームその他の文字、図形、色彩、音声、動作若しくは映像若しくはこれらを組み合わせたもの又はこれらに係る情報を電子計算機を介して提供するためのプログラムであって、人間の創造的活動により生み出されるもののうち、教養又は娯楽の範囲に属するもの[2]）を動

機とした観光・旅行行動や、コンテンツを活用した観光・地域振興のことと定義している。

　つまりコンテンツツーリズムは、消費する側である旅行者の「コンテンツ」を動機とする消費者行動と、提供する側である地域の行政や事業者による「コンテンツ」を活用したマーケティング戦略という2つの側面を持つと定義でき、双方がコンテンツツーリズムの研究対象となる。さらに、コンテンツツーリズムは、地域がその観光資源に着目して行う旅行者に対するマーケティング・コミュニケーションの諸活動であると見なせる。

4.3.2　物語で語られる「もの」のコンテンツ化と観光土産

　観光土産の「土産」は、その「土地の産物」を対象としたために、「みやげ」に「土産」の字をあてるようになったといわれる（今井、小辻 1979）。

　増淵（2010）は、コンテンツツーリズムという言葉自体は新しいが、日本では古くは歌枕や、『東海道中膝栗毛』『太平記』などが読み物として定着した江戸時代から同様の観光形態が存在しており、物語の追体験がそのような観光の目的であったとしている。古くからのコンテンツツーリズム的な観光行動に関する研究には、和歌の中で使われる地名である歌枕とコンテンツツーリズムの関係についての研究（小野寺 2017）や、能楽「隅田川」の題材となった梅若伝説の舞台である墨田の木母寺を事例とした聖地巡礼についての研究（北川 2014）などがある。

　「聖地巡礼」は物語の舞台となった場所を訪れることをい

うが、物語の中で、登場人物が「もの」について言及し、その「もの」自体がコンテンツ化し観光において消費される場合がある。本章で取り上げる「どらやき」は「ドラえもん」の物語の中でキャラクターであるドラえもんの好物として語られ、「どらやき」がコンテンツ化し観光土産として用いられた事例であるが、このような物語の中で語られる「もの」がコンテンツ化し観光土産として用いられる事例は、古くはライブ型正統的作品 [3] である能楽にも見られる。

　能楽の「錦木」は東北地方を舞台とした演目で、旅の途中の僧（ワキ）たちの前に、織り幅の狭い細布を持った女（ツレ）と彩り飾った錦木を持つ男（シテ）の夫婦に見える男女が現われる。

ツレ「是は細布とて機（はた）ばり狭き布なり
シテ「是は錦木とて色どり飾れる木也、いづれもいづれも当所の名物なり、是々（これこれ）めされ候へ
ワキ「げにげに錦木細布の事は承及（うけたまはりおよ）びたる名物なり、扠（さて）何故（なにゆえ）の名物にて候やらん。

　出典：『新日本古典文学大系 57 謡曲百番』[4] 375 頁、（西野 1998）

　男女は僧たちに、錦木細布がこの地の名物 [5] であると言って、手に持っている錦木と細布の購入をすすめる。すると僧は、錦木細布のことは名物と承知していると答え、なぜ名物になったのかと尋ねる。その後、男女は錦木細布のいわれを語るという構成になっている。

　この物語の中の問答は、マーケティングの視点から捉えると、男女が旅行者に対し土地の名物である錦木・細布を観光土産として販売促進（セールス・プロモーション）している場面であると見なすことができる。次に、旅行者である僧にはすでに錦木・細布のブランド認知があるため、錦木・細布がその土地の名物として認知度が高いことが示唆される。さらにその後、錦木・細布の名物になるまでの物語、つまり錦木・細布のブランド価値に関する物語が展開していく。このように、物語の中で錦木・細布の「もの」としてのコンテンツ化が生じている。

　「錦木」の舞台である秋田県鹿角市のホームページ[6]によると、「文政4年（1821）の『御領分産物書上帳』毛馬内通の項に、狭布細布 古川村とある。古川の里で織り出される細布は、錦木塚とも深い縁をもつといわれ、鹿角の名産として幕府巡見使の鹿角通行の際には献上されるのを通例としていた。この細布は幅6寸（約18.2センチメートル）、長さは2丈6尺（約7.88メートル）が一巻といわれ、その名の通り普通の麻布より幅が狭かった」とあり、実際に細布は江戸時代に名産品として幕府巡検使への土産として用いられていたのである。おそらく、鹿角を訪れた幕府巡検使は、あの謡曲「錦木」の細布だということで喜んだのではないだろうか。

　能楽の詞章を謡曲といい、謡の稽古（謡曲を謡うための稽古）をするための本が謡本である。江戸初期には謡の稽古人口が増大し、武士だけではなく庶民にまで稽古層が拡大し、印刷技術の進歩によって謡本が続々と刊行され、江戸時代を通しての超ロングセラー商品となった（西野 1998）。さら

に、寺子屋の教科書には謡物を集めた小謡本が使われるなど
庶民教育の一翼を担うようになった（西野 1998）。江戸時代
には能楽に対する愛好が全国に広がり、神社仏閣による「勧
進能[7)]」が全国で催されるようになり、1 日に 3000 人から
7000 人の集客があったという（天野 2004）。

　このように江戸時代に能楽に関するコンテンツ市場が拡大
し、多くの消費者が能楽のコンテンツを消費していく中で、
能楽の演目の中で語られる「もの」のコンテンツ化が生じ、
物語の舞台となった場所におけるコンテンツ化された「もの」
の観光土産的な消費が生じたのではないかと考える。

　能楽には、旅行者であるワキが名所を訪れ、里人から
その土地の物語を聞くという構成の演目が多くある（天野
2004）。観光土産はその土地の歴史や文化をブランドの価値
に求める場合が多いため、江戸時代に一般的な教養として広
く浸透していた能楽と謡曲、謡本の物語（コンテンツ）に焦
点を当てることで、観光土産の成り立ちや当時の認知の程度
などを明らかにすることが可能ではないかと考える。

4.4　観光意向の検証モデル

4.4.1　観光の形態

　コンテンツツーリズムは、コンテンツを動機とする旅行で
あるため、旅行者が対象となるコンテンツを理解する能力が
必要である。コンテンツには、序章で説明されたようにさま
ざまな形態や階層があり、消費者自身のコンテンツに対する
興味や造詣の程度により消費の対象となるコンテンツは異な

る。

　Bourdieu（1979）は、美術館を訪れる、食事をする、何かを購買するなどのあらゆる文化的慣習行動は教育水準と出身階層に密接に結びついていると述べている。Urry and Larsen（2011）は、観光は階層がはっきり見える消費の形態であるとして、観光の成り立ちについて以下のように説明している。

(1) 観光の初期形態は、17世紀末に貴族や中産階級の子弟が行った見聞を広める「グランドツアー」であり、「グランドツアー」では、画廊や博物館、高級な文化的作品について感情を排除した観察・記録が行われた。

(2) その後、温泉町という形態での大規模な観光施設が発展し、風景観光や美や崇高という個人的で情動的な体験を意味する「ロマン主義的グランドツアー」が登場した。

(3) 19世紀後半に、鉄道による団体・大衆観光が登場した。大衆観光とは、「大衆が基本的に仕事と関係のない理由で、時期を問わずどこかへ出かけ、何かにまなざしを向け、そこに滞在する」ことで、最初のトーマスクックのパッケージ・ツアーには、買い物推奨店と「まなざしを向ける」べき名所旧跡案内がすでに含まれていた。

　つまり、上記の Urry and Larsen（2011）の説明によれば、序章で示した作品型コンテンツの分類軸である社会的な階層軸が、観光の形態の分類にも適用可能であり、観光は「正統的な観光」と「大衆的な観光」に分類できる。具体的には、「正統的な観光」は美術館や博物館における高級な文化的作品の鑑賞や、風景や自然の体験を志向するもので、「大衆的

な観光」は、名所旧跡の案内に則して巡ることや、推奨された店での購入を志向するものであるといえる。

　しかし、現在の多くの観光は学習と融合し、ある意味では「グランドツアー」への回帰が見られ、ハイ・カルチャー（正統的文化、筆者注）と結びついていた美術館や博物館へ行くことが、今ではむしろ大衆層がいろいろな種類の「美術・博物館」の「読み取り（鑑賞ではない、筆者注）」や愉しむことを創り出していて、多くの観光は学習と融合し、遺産産業や美術館・博物館の重要性が増し、美術館・博物館は商業活動の場になっている（Urry and Larsen 2011）。そのため、美術館・博物館に行くという行為は、展示されるコンテンツによって、正統的観光市場をターゲットとしているのか、大衆的観光市場をターゲットとしているのかを区別する必要があると考える。

4.4.2　先行研究と尺度の検討

　観光意向に関する先行研究では、「国内」と「海外」それぞれの「映画・テレビ・雑誌・本などのコンテンツに関連する場所」「知人が行った場所」「行ったことのない場所」の6つの旅行意向に若者の「主観的要因」と「客観的要因」が及ぼす影響を考察した研究（金、鎌田 2010）や、「グルメ」「観光」「温泉」「自然」「歴史」の5変数について関心の高さを調査し、関心の程度と訪問意向の関係を考察した研究（山本 2016）、沖縄の来訪経験者の「非日常満喫」「アメニティ・おもてなし体感」「自然・文化見聞」「歴史見聞」の認知的経験と、「情緒的経験（ポジティブ、ネガティブ）」「記憶（鮮明

さ、リハーサル）」が再来訪意向に及ぼす影響を考察した研究（外山、山田、西尾 2015）、SNS のテキストデータによる観光意向、観光形態を「インフラハード（近代的な建造物や娯楽施設）」「ヘルス（健康維持）」「スポーツ（体験・観戦）」「グリーン（自然と触れ合う）」「ヘリテージ（世界遺産や歴史的建築物）」「カルチュラル（文化体験）」の6つに分類し、旅行ブログから、訪問国を予測した研究（柴田、篠田、難波、石野、竹澤 2020、柴田、石野、難波、竹澤 2021）などがある。観光意向の変数には、正統的観光である自然、文化、歴史などが採用されている場合が多く、コンテンツツーリズムやグルメ、おもてなし体験に関する変数も採用されている。

表4.3 の観光庁（2020）の「訪日外国人消費動向調査」では、2019 年の訪日外国人旅行者を対象に次回の訪日における観光意向について 20 項目の質問をしている。最も高かったのは、「日本食を食べること」で 49.9％が次回の観光意向を示している。次に、「温泉入浴」（49.8％）、「ショッピング」（48.5％）、「自然・景勝地観光」（45.0％）、「繁華街の街歩き」（28.9％）の順になっている。これまでの研究では、観光意向の変数に、観光意向が高い「ショッピング（買い物）」がほとんど取り上げられていない。しかし、最初のパッケージ・ツアーにすでに、買い物推奨店が組み込まれていたように、観光と買い物は切り離せないものである。そこで、中国人旅行者は買い物においてブランド品の購買意欲が非常に高い傾向にあるため「ブランドの消費」に関する尺度を設け、他の尺度においても尺度に関連する買い物が想定される場合は、変数に加えることとする。

表 4.3　中国人旅行者の次回の訪日における観光意向

単位：%

調査項目	次回意向	正統的観光	大衆的観光	コンテンツによる
日本食を食べること	49.9			○
温泉入浴	49.8			○
ショッピング	48.5		○	
自然・景勝地観光	45.0	○		
繁華街の街歩き	28.9		○	
旅館に宿泊	25.9			○
テーマパーク	24.7		○	
日本の歴史・伝統文化体験	24.2	○		
四季の体感（花見・紅葉・雪など）	23.8	○		
スキー・スノーボード	22.3			
日本の日常生活体験	18.2	○		
美術館・博物館・動植物園・水族館	17.4			○
日本の酒を飲むこと(日本酒・焼酎など)	15.6			○
映画・アニメゆかりの地を訪問	14.8		○	
日本のポップカルチャーを楽しむ	14.4		○	
自然体験ツアー・農漁村体験	12.2	○		
舞台・音楽鑑賞	8.2			○
治療・健診	4.0			
スポーツ観戦（相撲・サッカーなど）	4.0			
その他スポーツ（ゴルフなど）	1.2			

出典：「訪日外国人消費動向調査」観光庁（2020）より筆者修正

　Maccannell（1999）は、地域の食料生産者やレストランは観光客用の開発を重点的に行うなどの観光における食材、食事の重要性について述べている。そこで、次回の訪問意向が最も高かった「日本食を食べること」についての尺度を設定する。

　文化庁の「文化に関する世論調査報告書（令和2年度調査）」（2021）によると、どのような文化のジャンルを日本の文化芸術の魅力として諸外国に発信すべきか尋ねたところ、全体では「伝統芸能」が 45.9％で最も多く、次いで「食文

化」（45.8％）、「日本の伝統音楽」（44.7％）、「美術」（39.4％）、「歴史文化」（38.3％）と続いており、観光を提供する側は、日本の伝統や歴史などの正統的な文化を発信すべきという回答が多い。

4.4.3　検証モデルの設定

　これまでの議論を踏まえ、観光意向を以下の5つの構成概念から構成されるものと仮定する（**表4.4**）。

(1)　風景や自然の体験および温泉での癒しの体験を志向する因子として、「日本の自然を体験できる場所に行きたい」「日本の四季を体験できる場所に行きたい」「日本の癒し（リラックス）を体験できる場所に行きたい」「日本のおもてなしを感じる接客をしてくれる場所に行きたい」の4変数からなる「自然・癒し観光因子」。

(2)　日本の伝統文化や歴史の学習を志向する因子として、「日本の歴史を知ることのできる場所に行きたい」「日本の伝統的な文化を知ることのできる場所に行きたい」「日本の技術力を体験できる場所に行きたい」「日本の人々と触れ合うことができる場所に行きたい」の4変数からなる「歴史・文化学習観光因子」。

(3)　大衆的なコンテンツ消費であるアニメやキャラクターの消費体験、流行の体験を志向する因子として、「日本の現代的な文化を知ることのできる場所に行きたい」「日本の最先端の流行を知ることのできる場所に行きたい」「有名なテーマパークに行きたい」「日本のアニメやマンガ、ゲームなどを知ることのできる場所に行きたい」

表 4.4　構成概念と観測変数

構成概念		観測変数
自然・癒し観光	1	日本の自然を体験できる場所に行きたい
	2	日本の四季を体験できる場所に行きたい
	3	日本の癒し（リラックス）を体験できる場所に行きたい
	4	日本のおもてなしを感じる接客をしてくれる場所に行きたい
歴史・文化学習観光	5	日本の歴史を知ることのできる場所に行きたい
	6	日本の伝統的な文化を知ることのできる場所に行きたい
	7	日本の技術力を体験できる場所に行きたい
	8	日本の人々と触れ合うことができる場所に行きたい
ポップカルチャー観光	9	日本の現代的な文化を知ることのできる場所に行きたい
	10	日本の最先端の流行を知ることのできる場所に行きたい
	11	有名なテーマパークに行きたい
	12	日本のアニメやマンガ、ゲームなどを知ることのできる場所に行きたい
	13	アニメやマンガ、ゲームのキャラクターグッズが購入できる場所に行きたい
ご当地グルメ観光	14	訪れた地域で収穫した農産物が味わえる場所に行きたい
	15	訪れた地域で収穫した海産物が味わえる場所に行きたい
	16	訪れた地域の有名な料理が味わえる場所に行きたい
	17	中国ではあまり知られていない、日本で有名な場所に行きたい
	18	訪れた地域の特産品が購入できる場所に行きたい
有名ブランド観光	19	世界的に有名な高級ブランドを購入できる場所に行きたい
	20	日本の有名ブランドを購入できる場所に行きたい
	21	中国でよく知られている、有名な場所に行きたい
	22	できるだけ安く商品を購入できる場所に行きたい
	23	商品の価格は気にせず欲しいものを購入できる場所に行きたい

「アニメやマンガ、ゲームのキャラクターグッズが購入できる場所に行きたい」の5変数からなる「ポップカルチャー観光因子」。

(4) 日本の食材の消費や食事の体験を志向する因子として、「訪れた地域で収穫した農産物が味わえる場所に行きたい」「訪れた地域で収穫した海産物が味わえる場所に行きたい」「訪れた地域の有名な料理が味わえる場所に行きたい」「中国ではあまり知られていない、日本で有名な場所に行きたい」「訪れた地域の特産品が購入できる

場所に行きたい」の5つの変数からなる「ご当地グルメ
観光因子」。

(5) 中国人に特に顕著に見られる有名ブランドの消費や体験
を志向する因子として、「世界的に有名な高級ブランド
を購入できる場所に行きたい」「日本の有名ブランドを
購入できる場所に行きたい」「中国でよく知られている、
有名な場所に行きたい」「できるだけ安く商品を購入で
きる場所に行きたい」「商品の価格は気にせず欲しいも
のを購入できる場所に行きたい」の5変数からなる「有
名ブランド観光因子」。

　分析の枠組みは、辻本（2022）の観光意向の検証モデルを
基に、「自然・癒し観光」「歴史・文化学習観光」「ポップカ
ルチャー観光」「ご当地グルメ観光」「有名ブランド観光」の
5つの構成概念からなる2次因子モデルを仮定し、中国人消
費者を対象としたインターネット調査のデータを用いて、多
母集団の平均構造分析を行い、推定された因子平均を比較す
ることにより消費者の観光意向の差異を把握する（**図4.3**）。

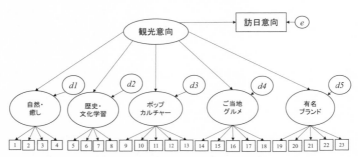

図4.3　観光意向の検証モデル [8]

出典：「ポスト・コロナの観光意向の仮説モデル」6頁（辻本2022）を筆者修正

比較は標準化された平均値差である効果量で行う（豊田
2007、豊田、福中、川端、片平 2008）。この分析モデルを採
用した理由は、2 次因子の解釈がしやすいこと、1 次因子の
誤差分散成分（d1 〜 d5）の大きさを純粋に独自因子として
解釈できるためである（豊田 2003）。

4.5　調査と分析結果

4.5.1　調査概要

　調査は、北京、上海、広州、深圳の 20 代から 60 代の居住
者を対象に 2021 年 12 月 27 日から 2022 年 1 月 14 日にイン
ターネット調査会社（株式会社クロス・マーケティング）経
由で実施した。有効回答は 399（男性 199、女性 200）であ
る。
　質問項目は、回答者の属性　（性別、年齢、居住地、未既
婚、職業）、訪日経験（0 回から 10 回以上）、観光意向に関す
る質問（25 項目、5 件法）、日本への訪問意向（5 件法）、最
も訪問したい都道府県、認知に関する質問として「どらや
き」の写真を提示し、認知（ブランド認識、ブランド想起）、
連想するイメージ（自由回答）を回答してもらった。分析に
は、IBM SPSS 25.0, Amos 25.0 を使用している。

4.5.2　回答者の属性

　回答者の職業は、経営者・役員が 8.0％、管理職が 42.4％、
医師、弁護士、公認会計士などの専門職が 4.0％、一般社員
が 23.3％、自営業（商工サービス）が 5.3％、公務員・教職

員・非営利団体職員が3.8％、専業主婦・主夫が2.8％、無職
が5.3％、その他が5.3％である（**表4.5**）。

　回答者の世帯月収は、1万元未満が11.3％、1万元以上
2万元未満が42.1％、2万元以上3万元未満が21.8％、3万

表 4.5　回答者の職業

単位：人、％

職業	度数	構成比
経営者・役員	32	8.0
管理職	169	42.4
専門職（弁護士・税理士など・医療関連）	16	4.0
一般社員	93	23.3
自営業（商工サービス）	21	5.3
公務員・教職員・非営利団体職員	15	3.8
専業主婦・主夫	11	2.8
無職	21	5.3
その他	21	5.3
合計	399	100.0

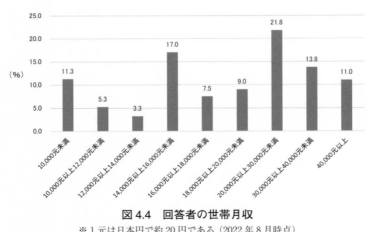

図 4.4　回答者の世帯月収
※1元は日本円で約20円である（2022年8月時点）

元以上4万元未満が13.8％、4万元以上が11.0％である（**図4.4**）。甘ら（2017）の調査によると2017年の中国の全世帯の平均年収は8.4万元（月収換算で0.7万元）で、そのうちサラリーマン世帯の平均年収は15.4万元（月収換算で1.3万元）であるが、本調査の回答者はほぼ8割が月収1.4万元以上であり、2017年時点でのサラリーマン世帯の平均以上の経済力を持ち、回答者の約4分の1がサラリーマン世帯の平均の2倍以上の収入を得ており、比較的高所得世帯のサンプルとなっている。

回答者の訪日経験は、日本を訪れたことがある者が全体の77.5％であり、8割近くの回答者に訪日経験があり、訪日経験がない者は22.6％である。最も多い訪日回数は2回（26.3％）、次いで1回（25.1％）であり、3回以上の訪日回数の回答者が26.1％と4分の1を占める（**表4.6**）。本サンプルは比較的高所得者に偏りがあるが、中国人消費者の訪日経験が一般的なものになっていることが、この結果からうかがえる。

表4.6 回答者の訪日経験

単位：人、％

訪日経験	度数	構成比
なし	90	22.6
1回	100	25.1
2回	105	26.3
3回	37	9.3
4回	15	3.8
5回	19	4.8
6回以上	33	8.3
合計	399	100.0

回答者のポスト・コロナの訪日意向は、「とても当てはまる」（26.1％）、「やや当てはまる」（43.1％）を合わせると69.2％となり、約7割の回答者に訪日意向があり、最も訪問したい都道府県は北海道の34.8％、次に「東京都」（14.5％）、「秋田県」（4.8％）、「福島県」（4.8％）、「京都府」（4.5％）の順

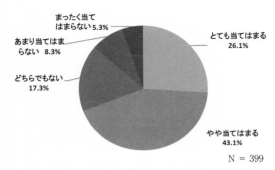

N = 399

図 4.5　回答者の訪日意向

になっており、「北海道」の
訪問意向が特に強い（**図 4.5**、
表 4.7）。「秋田県」と「福島
県」が高いのは、東北 6 県に
宿泊する旅行者に対して数次
ビザが発行されていた影響が
あるのではないかと考える[9]。

4.5.3　「どらやき」の認知

　回答者に「どらやき」の
写真を示し、知っているか
どうかを確認する（ブランド
認識）と、64.9％の回答者が

**表 4.7　回答者の最も訪問したい
都道府県**

単位：人、%

都道府県	度数	構成比
北海道	139	34.8
東京都	58	14.5
秋田県	19	4.8
福島県	19	4.8
京都府	18	4.5
神奈川県	13	3.3
富山県	13	3.3
大阪府	10	2.5
沖縄県	10	2.5
茨城県	8	2.0
埼玉県	8	2.0
その他	84	21.1
合計	399	100.0

「知っている」と回答した。認識できた回答者に、商品名を記
述してもらうと、「どらやき（中国語表記「铜锣烧」）」と記
述できた（ブランド想起）回答者は 41.4％（認識できた回答
者の 63.7％）であった[10]（**表 4.8**）。

表 4.8　「どらやき」の認知

単位：人、%

認知の有無	ブランド認識		ブランド想起	
	度数	構成比	度数	構成比
あり	259	64.9	165	41.4
なし	140	35.1	234	58.6
合計	399	100.0	399	100.0

　ブランド想起ができた回答者に「どらやき」から連想する
ものを自由回答で記述してもらうと、アニメの「ドラえもん」
に関連した回答が最も多く58名（35.2％）であった。次に
「どらやき」自体の味についての感想である、「美味」や「好
きな味」などの回答が20名（12.1％）であった。このことか
ら、アニメの「ドラえもん」が「どらやき」の認知の高さに
影響を与えていることが推測できる。
　「どらやき」のブランド想起と訪日経験の関係についてカ
イ二乗検定を行うと、有意差は認められず（$P = 0.692$）、ブ
ランド想起に訪日経験の影響は確認できなかった（**表 4.9**）。
　日本の観光土産の受贈経験と、「どらやき」のブランド想
起についてカイ二乗検定を行ったところ、有意差が認められ

表 4.9　訪日経験の有無とブランド想起

訪日経験の有無		ブランド想起の有無		合計	有意確率
		ある	ない		
ある	度数	130	179	309	
	構成比	78.8%	76.5%	77.4%	
	調整済み残差	0.5	-0.5		
ない	度数	35	55	90	$P = 0.692$
	構成比	21.2%	23.5%	22.6%	
	調整済み残差	-0.5	0.5		
合計	度数	165	234	399	
	構成比	100.0%	100.0%	100.0%	

（$P = 0.000$）、ブランド想起と受贈経験に関係があることが確認できた（**表4.10**）。「どらやき」のブランド想起ができる回答者の87.9％が日本の観光土産の受贈経験を有している。訪日経験の有無には差は見られず、観光土産の受贈と「どらやき」に関係が見られることから、本章1節の観光土産の受け手の「どらやき」のブランド認知率が高い結果と整合的である。

表4.10　日本の観光土産の受贈経験の有無とブランド想起

受贈経験の有無		ブランド想起の有無		合計	有意確率
		ある	ない		
ある	度数	145	163	308	
	構成比	87.9%	69.7%	77.2%	
	調整済み残差	4.3	-4.3		
ない	度数	20	71	91	$P = 0.000$
	構成比	12.1%	30.3%	22.8%	
	調整済み残差	-4.3	4.3		
合計	度数	165	234	399	
	構成比	100.0%	100.0%	100.0%	

4.5.5　観光意向モデルによる検証

　観光意向モデルによる検証の前に、観光意向モデルの5つの構成概念について信頼性の検討を行う。各構成概念においてクロンバックの α 係数が高ければ尺度の内的整合性が高いと判断ができる。α 係数は0.8以上であれば十分な内的整合性があると判断されることが多く、0.5を切ると尺度の再検討が必要とされる（小塩 2011）。分析の結果「自然・癒し観光」の α 係数が0.778、「歴史・文化学習観光」が0.810、「ポップカルチャー観光」が0.861、「ご当地グルメ観光」が0.836、「有名ブランド観光」が0.806であった。「自然・癒し

観光」のみα係数が 0.8 をやや下回っているが、おおむねそれぞれの構成概念において内的整合性が高いと判断できるため分析を進める（**表 4.11**）。

　次にモデルを推定した結果、モデルの適合度は GFI が 0.908，AGFI が 0.888、CFI が 0.957、RMSEA が 0.048 となり、本モデルは当てはまりが良いと判断できる（**表 4.12**）。「観光意向」から「訪日意向」への係数（標準化推定値）は 0.735 であり、観光意向が訪日意向に影響を与えることが確認できる。観光意向から「自然・癒し観光」への係数は 0.976、「歴史・文化学習観光」へが 0.959、「ポップカルチャー観光」へが 0.967、「ご当地グルメ観光」が 0.959、「有名ブランド観光」が 0.960 である（**図 4.6**）。5 つの構成概念からそれぞれの観測変数への係数は**表 4.11** に示す通りである。

　本モデルの当てはまりが良いことが確認できたため、「どらやき」のブランド想起が「ある」回答者群（以下、Y 群）と、「ない」回答者群（以下、N 群）の観光意向の因子平均を比較することにより、旅行者の「どらやき」のブランド想起の有無と観光意向の関係を確認する。

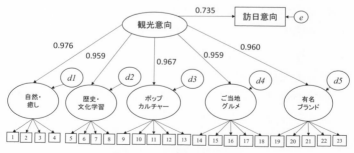

図 4.6　モデルの推定結果

表 4.11　モデルの推定結果と尺度の信頼性

観測変数			標準化推定値	信頼性係数
自然・癒し観光	→	1	日本の自然を体験できる場所に行きたい	0.651	0.778
	→	2	日本の四季を体験できる場所に行きたい	0.718	
	→	3	日本の癒し（リラックス）を体験できる場所に行きたい	0.731	
	→	4	日本のおもてなしを感じる接客をしてくれる場所に行きたい	0.637	
歴史・文化学習観光	→	5	日本の歴史を知ることのできる場所に行きたい	0.717	0.810
	→	6	日本の伝統的な文化を知ることのできる場所に行きたい	0.743	
	→	7	日本の技術力を体験できる場所に行きたい	0.670	
	→	8	日本の人々と触れ合うことができる場所に行きたい	0.752	
ポップカルチャー観光	→	9	日本の現代的な文化を知ることのできる場所に行きたい	0.768	0.861
	→	10	日本の最先端の流行を知ることのできる場所に行きたい	0.747	
	→	11	有名なテーマパークに行きたい	0.729	
	→	12	日本のアニメやマンガ、ゲームなどを知ることのできる場所に行きたい	0.684	
	→	13	アニメやマンガ、ゲームのキャラクターグッズが購入できる場所に行きたい	0.701	
ご当地グルメ観光	→	14	訪れた地域で収穫した農産物が味わえる場所に行きたい	0.724	0.836
	→	15	訪れた地域で収穫した海産物が味わえる場所に行きたい	0.657	
	→	16	訪れた地域の有名な料理が味わえる場所に行きたい	0.713	
	→	17	中国ではあまり知られていない、日本で有名な場所に行きたい	0.699	
	→	18	訪れた地域の特産品が購入できる場所に行きたい	0.764	
有名ブランド観光	→	19	世界的に有名な高級ブランドを購入できる場所に行きたい	0.710	0.806
	→	20	日本の有名ブランドを購入できる場所に行きたい	0.735	
	→	21	中国でよく知られている、有名な場所に行きたい	0.649	
	→	22	できるだけ安く商品を購入できる場所に行きたい	0.600	
	→	23	商品の価格は気にせず欲しいものを購入できる場所に行きたい	0.670	

　多母集団の平均構造分析を行う場合、以下の手順で分析を行い、測定不変性が成立することが必要である（豊田 2007）。
(1) 母集団ごとの分析でモデルの当てはまりを確認する。
(2) 配置不変性の検討を行う。
(3) 測定不変性の検討を行い、成立した場合に平均構造の導入が可能であると判断し、分析を行う。

　測定不変モデルの RMSEA は 0.041 であり、モデル評価の指標である AIC（Akaike's Information Criterion）が 1037.5

で、配置不変モデル（AIC=1043.0）よりも小さく、測定不
変が成立していると判断できるため、平均構造を導入する
（**表 4.12**）。

表 4.12　平均構造導入の手順

平均構造導入の手順		χ二乗値	df	p値	GFI	AGFI	CFI	RMSEA	AIC
モデルの構成		471.7	246	0.000	0.908	0.888	0.957	0.048	579.7
母集団ごとの分析	想起あり	437.2	246	0.000	0.822	0.783	0.920	0.069	545.2
	想起なし	389.7	246	0.000	0.877	0.851	0.952	0.050	497.7
配置不変性の検討		827.0	492	0.000	0.854	0.822	0.938	0.041	1043.0
測定不変性の検討		831.5	497	0.000	0.853	0.823	0.938	0.041	1037.5

　1次因子の独自因子の平均および分散と2次因子の平均
および分散を固定するか推定するかで、8つのモデルを構
成して比較を行う。1次因子の独自因子の平均と2次因子の
平均をどちらも0に制約すると、平均構造がなくなってし
まうため、因子の平均は2通り、分散は4通りの制約を組
み合わせ、8つのパターンのモデルを構成して比較を行う
（**表 4.13**）。

　最も当てはまりの良いモデルは AIC が 2101.5 の、M6 と
M8 であり、次が2次因子の平均と分散を固定し、1次因子

表 4.13　モデルの比較

	2次因子の分散	1次因子の分散	モデル	χ二乗値	df	p値	CFI	RMSEA	AIC
2次因子の平均　固定 1次因子の平均　推定	固定	固定	M1	2509.0	571	0.00	0.639	0.092	2663.0
	固定	推定	M2	1938.4	566	0.00	0.744	0.078	2102.4
	推定	固定	M3	2506.2	570	0.00	0.639	0.092	2662.2
	推定	推定	M4	1936.5	565	0.00	0.744	0.078	2102.5
2次因子の平均　推定 1次因子の平均　固定	固定	固定	M5	2513.6	575	0.00	0.638	0.092	2659.6
	固定	推定	M6	1945.5	570	0.00	0.743	0.078	2101.5
	推定	固定	M7	2510.6	574	0.00	0.639	0.092	2658.6
	推定	推定	M8	1943.5	569	0.00	0.744	0.078	2101.5

の独自因子の平均と分散を推定した M2（AIC=2102.5）で
あった。2 次因子の平均と分散を推定し、1 次因子の独自因
子の平均と分散を固定した M7 は AIC が 2658.6 であり、M2
と比較して当てはまりが良くないため、1 次因子の独自因子
を比較することがより適当であるといえる。2 群の比較は効
果量 [11] で行う。効果量とは標準化された平均値差のことで、
効果量が 0.3 ならば偏差値で 3 の違いがあることを意味する
（豊田 2007）。

　「どらやき」の写真を提示し、商品名を正確にブランド想
起できるグループと、想起できないグループで効果量の比較
を行ったところ、ブランド想起できる Y 群は想起できない
N 群と比較して、1 次因子の独自因子の効果量が最も高かっ
たのは、「ご当地グルメ観光」で Y 群が 0.311 高く、次に「自
然・癒し観光」の 0.259、「ポップカルチャー観光」の 0.203、
「有名ブランド観光」の 0.130 となった（**表 4.14**）。

　「どらやき」が食べ物であるため、食に関する因子である
「ご当地グルメ観光」の差が大きくなっていると推測できる。
また、ドラえもんのコンテンツ消費に関する「ポップカル
チャー観光」にも差が見られる。一方、N 群と比較して Y 群
の効果量が低かったのが、「歴史・文化学習観光」で − 0.019
となっている。グルメや自然体験、ポップカルチャーには、
より強い観光意向を持っているが、文化や歴史の学習に関し
てはブランド想起がないグループよりもむしろ低い傾向が見
られた。この結果から、「どらやき」の旅行中や旅行前後の
マーケティング・コミュニケーションは「ご当地グルメ観光」
「自然・癒し観光」「ポップカルチャー観光」に関連するコン

タクトポイントで実施することが効果的であり、SNSを活用
したオンラインでの取り組みや空港、観光施設などにおける
オフラインでの取り組みなどが考えられる。

　モデル7による2次因子である観光意向因子の効果量はY
群はN群より0.162程度高く、「どらやき」をブランド想起
できるグループの観光意向が想起できないグループよりも高
い結果となった（**表4.14**）。

表4.14　1次因子の独自因子（M2）と2次因子（M7）の効果量

	項目	平均 推定値	分散 推定値	効果量
	自然・癒し観光	0.199	0.005	0.259
	歴史・文化学習観光	−0.015	0.059	−0.019
M2	ポップカルチャー観光	0.159	0.051	0.203
	ご当地グルメ観光	0.244	0.067	0.311
	有名ブランド観光	0.100	0.014	0.130
M7	観光意向	0.154	0.745	0.162

4.6　まとめ

　本章では、中国人消費者の「どらやき」の認知に焦点を当
て、ポスト・コロナの観光意向と「どらやき」の認知の関係
について分析を行った。

　中国でも人気が高い日本のマンガやアニメの「ドラえもん」
の物語の中で、「ドラえもんの好物」として日本の和菓子で
ある「どらやき」が紹介されることにより、日本の和菓子の
一般名称であった「どらやき」が「ドラえもんの好物である
どらやき」としてコンテンツ化し、他の和菓子と差別化され
たブランドとして認知されていることが本章の分析で示され

る結果となった。回答者の「どらやき」のブランド認識率は64.9%、ブランド想起率（「どらやき（銅鑼焼）」と記述できた率）は41.4%であり、ブランド想起できた回答者の35.2%が「どらやき」から連想するものを「ドラえもん」と回答している。

　中国人旅行者から日本の観光土産を受贈した経験がある場合、ブランド想起率は有意に高かったため、「どらやき」と観光土産の関係が認められる結果となり、コンテンツツーリズムの視点からは作品型コンテンツで語られた「もの」がコンテンツ化し、観光土産的な消費が生じた事例であると見なすことができる。このような事例は古くは能楽の演目である「錦木」にも見られる。

　ポスト・コロナの観光意向と、「どらやき」のブランド想起の有無における比較では、ブランド想起ができたグループは、できなかったグループよりも1次因子の独自因子の効果量が「ご当地グルメ観光」「自然・癒し観光」「ポップカルチャー観光」で高く、「歴史・文化学習観光」ではやや低い結果となった。ブランド想起は消費者の心の中におけるブランドの存在感の強さと関係があり、リピート購買の決定的な要因となることから、「どらやき」のマーケティング・コミュニケーションは、「ご当地グルメ観光」「自然・癒し観光」、「ポップカルチャー観光」のオンライン、オフラインにおけるコンタクトポイントにおいて実施することが効果的であるといえる。

　本章で提案した検証モデルは、他の商品やサービスにも適用可能である。本モデルを用いることで、ブランドごとに最

適なコンタクトポイントを明らかにし、ポスト・コロナのインバウンド観光のためのマーケティング・コミュニケーションを行うことが可能になると考える。

謝辞

　能楽について多くのご教授を賜ったワキ方福王流能楽師福王和幸師に深く感謝する。

　本研究は JSPS 科研費 JP19K12595，JP22K12605 の助成を受けたものである。

注

1) 60 ブランドは、中国人旅行者を対象とした調査で観光土産として自由回答されたブランドを中心に選定している（辻本 2021）。
2) 「コンテンツの創造、保護及び活用の促進に関する法律」第 1 章　総則（定義）第 2 条。
3) 本書の序章、「3. 作品型コンテンツの分類」を参照のこと。
4) 底本は寛永 7 年（1630）黒澤源太郎刊観世黒雪正本（全 20 冊百番揃い）、（西野 1998）。
5) 「名物」は、『邦訳日葡辞書』（土井、森田、長南 1980）によると "Sugure-ta mono" とあり、『日葡辞書』が成立した 1603 年時点において「立派な物あるいは優秀な物」という意味で使用されている。
6) 鹿角市ホームページ、(https://www.city.kazuno.akita.jp/soshiki/shogaiga-kushu/bunkazai/gyomu/1/2/8/2068.html, 2022 年 8 月 25 日参照)。
7) 入場料を浄財として得るために、多くの観衆を集めて上演される能楽のこと（天野 2004）。
8) モデル図は観測変数の誤差分散を省略して表記している。1 次因子である「ポップカルチャー観光」の、観測変数 12 と 13 がともに「アニメ、マンガ、ゲーム」に関する変数であるため、誤差間に相関を仮定している。その他の変数の誤差間には相関は仮定していない。
9) 個人観光で 1 回目の訪日の際に東北 6 県のいずれかの県に 1 泊以上するものに対して、一定の要件を満たす場合に発行されるもの。
10) 認識した回答者におけるブランド想起の回答で「どらやき」以外の主な回答例は「パン（面包）」が 32 名、「ケーキ（蛋糕）」が 27 名である。

11)　効果量 ＝ $\dfrac{\text{Y 群 の 平 均 －N 群 の 平 均}}{s*}$

　　　　$s* = \sqrt{\dfrac{\text{Y 群 の サ ン プ ル 数 ×Y 群 の 分 散 ＋N 群 の サ ン プ ル 数 ×N 群 の 分 散}}{\text{Y 群 の サ ン プ ル 数 ＋N 群 の サ ン プ ル 数 －2}}}$

（豊田 2007）

参考文献

天野文雄（2004），『現代能楽講義』，大阪大学出版会.

今井成男，小辻一洋（1979），“観光みやげ品と観光みやげ品業”，『観光の現状
　　と課題』第 8 章第 1 節，547-574，財団法人日本交通社.

岡本健（2019），“コンテンツツーリズムを研究する”，岡本健編著『コンテン
　　ツツーリズム研究』01，10-13，福村出版.

小野坂知子（2017），“和歌からみたコンテンツ・ツーリズムの枠組み：歌枕の
　　類型表現と旅の形成過程に注目して”，『お茶の水地理』，第 56 巻，39-48.

観光庁（2020），「訪日外国人消費動向調査」，国土交通省，（https://www.mlit.
　　go.jp/kankocho/siryou/toukei/syouhityousa.html，2022 年 8 月 5 日参照）.

甘犁，魏昆，路曉蒙，趙雨培，趙雨培，王香（2017），「中国工薪階層信貸発展
　　報告」，西南財経済大学中国家庭金融調査研究中心，（https://chfs.swufe.
　　edu.cn/Upload/ 中国工薪阶层信贷发展报告详细版．pdf，2021 年 3 月 14
　　日参照）.

北川順也（2014），“近代化における聖地巡礼に関する一考察：墨田・木母寺を
　　事例として”，『コンテンツツーリズム学会論文集』，第 1 巻，34-43，コン
　　テンツツーリズム学会.

金春姫，鎌田裕美（2010），“若者の旅行に対する意識”，第 188 巻，177-191，『成
　　城大學經濟研究』.

国土交通省（2022），『観光白書令和 4 年版』，（https://www.mlit.go.jp/statis-
　　tics/content/001485507.pdf，2022 年 8 月 5 日参照）.

小塩真司（2011），『SPSS と Amos による心理・調査データ解析第 2 版』，東
　　京書籍.

佐藤翔（2019），“コンテンツツーリズム研究の分布”，岡本健編著『コンテン
　　ツツーリズム研究』09，40-45，福村出版.

柴田有基，篠田広人，難波英嗣，石野亜耶，竹澤寿幸（2020），“観光の形態に
　　基づいた旅行ブログエントリの自動分類と可視化”，『観光と情報』，第 16
　　巻，第 1 号，49-61，観光情報学会.

柴田有基，石野亜耶，難波英嗣，竹澤寿幸（2021），“観光形態の特徴を考慮し
　　た将来の訪問国の予測”，『観光と情報』，第 17 巻，第 1 号，69-79，観光情
　　報学会.

辻本法子，田口順等，荒木長照 (2013)，"贈与動機が消費者の購買行動にあたえる影響—熊本県における観光土産の実証研究—"，『桃山学院大学経済経営論集』，第 550 巻，第 1-2 号，225-255，桃山学院大学総合研究所．

辻本法子 (2020)，『インバウンド観光のための観光土産マーケティング』，同文舘出版．

辻本法子 (2021)，"中国人旅行者の観光土産のブランド認知—人気観光土産に対するブランド態度と消費者関与—"，『総合研究所紀要』，第 47 巻，第 1 号，33-52，桃山学院大学総合研究所．

辻本法子 (2022)，"中国人旅行者のポスト・コロナの観光意向とブランド態度"，『観光情報学会第 18 回全国大会講演論文集』，5-6，観光情報学会．

土井忠生，森田武，長南実編 (1980)，『邦訳日葡辞書』，岩波書店．

外山昌樹，山田雄一，西尾チヅル (2015)，"再来訪意向に対する旅行経験の影響—旅行者の記憶及び満足が果たす役割に注目して—"，第 22 巻，51-60，『日本国際観光学会論文集』．

豊田秀樹 (2003)，『共分散構造分析 疑問編』，朝倉書店．

豊田秀樹 (2007)，『共分散構造分析 Amos 編』，東京書籍．

豊田秀樹，福中公輔，川端一光，片平秀貴 (2008)，"2 次因子分析における構成概念の平均値の比較"，『行動計量学』，第 35 巻，第 1 号，91-101，日本行動計量学会．

西野春雄 (1998)，"近世における謡曲"，『新日本古典文学大系 57 謡曲百番』解説 3，754-763，岩波書店．

文化庁 (2021)，「文化に関する世論調査報告書（令和 2 年度調査）」，文化庁，(https://www.bunka.go.jp/tokei_hakusho_shuppan/tokeichosa/pdf/93040901_01.pdf，2022 年 8 月 5 日参照)．

平成 16 年度国土施策創発調査 (2005)，「映像等コンテンツの制作・活用による地域振興のあり方に関する調査報告書」，国土交通省総合政策局観光地域振興課，経済産業省商務情報政策局文化情報関連産業課，文化庁文化部芸術文化課，(https://www.mlit.go.jp/kokudokeikaku/souhatu/h16seika/12eizou/12_1.pdf，2022 年 8 月 26 日参照)．

増淵敏之 (2010)，『物語を旅するひとびと』，彩流社．

安田亘宏 (2015)，"ブームで終わらせないコンテンツツーリズム研究"，『コンテンツツーリズム学会論文集』，第 2 巻，1，コンテンツツーリズム学会．

山本真嗣 (2016)，"観光地の訪問意向と影響要因の比較論的考察"，『名古屋学院大学論集社会科学篇』，第 52 巻，第 4 号，165-173，名古屋学院大学総合研究所．

分部悠介 (2021)，第 21 期文化審議会著作権分科会国際小委員会（第 2 回）

資料「我が国のコンテンツの中国展開における現状，課題および方策案」（令和 3 年 9 月 22 日），文化庁，（https://www.bunka.go.jp/seisaku/bunkashingikai/chosakuken/kokusai/r03_02/，2022 年 8 月 5 日参照）．

Aaker, D. (1991), *Managing Brand Equity*, The Free Press.（陶山計介，中田善啓，尾崎久仁博，小林哲訳『ブランド・エクイティ戦略－競争優位をつくりだす名前，シンボル，スローガン』(1994)，ダイヤモンド社 .）

Aaker, D. (1995), *Building Strong Brands*, The Free Press.（陶山計介，梅本春夫，小林哲，石垣智徳訳『ブランド優位の戦略―顧客を創造する BI の開発と実践』(1997)，ダイヤモンド社 .）

Blackwell, R., D., Miniard, P., W., Engel, J., F. (2006), *Consumer Behavior*, Thomson / South - Western.

Bourdieu, P. (1979), *La Distinction Critique Sociale du Jugement,* Paris, Editions de Minuit.（石井洋二郎訳『ディスタンクシオン I』(2020)，藤原書店 .）

Laaksonen., P. (1994), *Consumer Involvement-Concepts and Research*, London: Routledge.（池尾恭一，青木幸弘訳『消費者関与－概念と調査－』(1998)，千倉書房 .）

Maccannel, D. (1999), *The Tourist*, California, University of California Press.（安村克己，須藤廣，高橋雄一郎，堀野正人，遠藤英樹，寺岡伸悟訳『ザ・ツーリスト』(2012)，学文社 .）

Urry, J and Larsen, J. (2011), *The Tourist Gaze 3.0. London*, Sage Publications.（加太宏邦訳『観光のまなざし 増補改訂版』(2014)，法政大学出版局. ）

おわりに

　本書の誕生は、私の退職の記念に皆で論文を持ち寄り1冊の書物にまとめようという、著者の辻本からのありがたい提案がきっかけである。また、著者の田口は辻本とともに観光マーケティングあるいは観光経済学の研究仲間であり、前著（荒木他『地域活性化のための観光みやげマーケティング−熊本のケーススタディ−』、2017年）の執筆者でもある。今回は私が近年力を入れているコンテンツをテーマとし、それぞれの研究者がコンテンツに関する論文を持ち寄ることとなった。

　しかし、広くて深いコンテンツをテーマにするには、3名ではいささか寡兵の感が強い。そこで、これもありがたいことにキャラクター研究の第一人者であり、長年キャラクター・マーケティングの共同研究者である野澤も参加することとなり、本書の強力な布陣が固まった。時間をやりくりして素晴らしい論文を寄せてくれた3名の著者に心より感謝申し上げる。

　コンテンツだけをテーマに4名が論文を持ち寄るわけであるから、いわば論文集ということになるので、まとまりのないものになるのではという危惧があったが、出来上がればこれも杞憂に終わり、コンテンツに携わるさまざまな実務家へのヒントや助言という共通点をすべての論文に発見することができる。すなわち、序章では、コンテンツをビジネスなどに利用したい人に対して、デジタルメディア化により多様化したコンテンツを、整理・分類し直し、文化カテゴリー間の移動など最近の傾向も紹介することで、コンテンツへの理解

を促している。第1章では、パブリシティの広告換算法によるコンテンツの効率的な効果測定が紹介されており、予算の少ない自治体などの組織にとってコンテンツによる地域活性化の効果を客観的に把握することができ、さらに税金の有効活用にもつながることが示されている。第2章では、映画とご当地キャラクターの開発を例にとり、コンテンツ開発者に対して、収益や選好といった開発成果を改善する客観的な開発指針が定量的に示されている。第3章では、キャラクターのタイプ別にどんなコミュニケーション戦略が有効なのかを定量的に明らかにし、キャラクター、アニメやマンガなどのコンテンツに対して実務家がコンテンツそれ自身の評価を考える際や、コンテンツを利用する際の両方に定量的な知見を与えている。第4章は、ポスト・コロナを念頭に中国からのインバウンドに対する観光土産開発者に対して、アニメ・コンテンツを利用した最適なコンタクトポイントを明らかにし、マーケティング・コミュニケーションへの定量的な指針を与えている。

　本書の出版にあたり、多くの方々にお世話になった。大阪公立大学出版会の八木孝司理事長はじめ出版会の皆様には、大阪府立大学と大阪市立大学の統合という制度が不安定な時期に出版編集で大変お世話になった。心より感謝申し上げる。また、表紙デザインをお引き受けいただき、コンテンツを議論する本書にふさわしいすばらしいファサードをご提供いただいた、「ひこにゃん」のデザイナーである株式会社桜井デザインのもへろん氏に心より感謝申し上げる。

著者を代表して　荒木長照

索引

著者紹介

辻本法子（つじもとのりこ）　　　　　　　　　　序章・第4章

　平成24年、大阪府立大学大学院経済学研究科博士後期課程修了、博士（経済学）。大阪女子大学学芸学部国文学科卒業後、株式会社近鉄百貨店勤務、平成24年より桃山学院大学経営学部准教授、平成25年から同教授。専門は、観光における消費者の購買行動分析。日本マーケティング・サイエンス学会、日本消費者行動研究学会、観光情報学会、地域活性学会、日本商業学会所属。

田口順等（たぐちのぶひと）　　　　　　　　　　　　第1章

　平成18年、大阪府立大学大学院経済学研究科博士後期課程修了、博士（経済学）。現在、神戸学院大学経済学部准教授、経済統計学・観光経済学が専門。日本経済政策学会、日本観光学会、日本クルーズ＆フェリー学会、日本観光研究学会、観光情報学会、環太平洋産業連関分析学会所属。

野澤智行（のざわともゆき）　　　　　　　　　　　　第3章

　令和3年、法政大学経営大学院イノベーション・マネジメント研究科修了、経営情報修士（専門職）。千葉大学文学部行動科学科卒業後、株式会社ビデオリサーチ〜株式会社旭通信社（現ADKグループ）に勤務し、広告効果やブランディングなど企業のマーケティング・プロモーション支援、アニメコンテンツやキャラクターの開発・戦略支援を行う。平成25〜31年にデジタルハリウッド大学院で客員教授、平成31年〜令和3年に福井工業大学や駒澤大学で非常勤講師を務め、令和4年より福井工業大学環境情報学部経営情報学科教授。アニメやキャラクターなど作品型コンテンツのマーケティングが専門。日本マーケティング・サイエンス学会、日本マーケティング学会、日本広告学会、コンテンツツーリズム学会所属。

荒木長照（あらきながてる）   第2章

　平成元年、大阪府立大学大学院経済学研究科博士後期課程単位取得
退学、博士（経済学）。大阪府立大学人間社会システム科学研究科教授
を経て、改組により、現在、大阪公立大学情報学研究科教授。この間、
平成15～19年株式会社ギャガ・デジタルブレイン取締役、平成19～
22年マインドベース株式会社取締役を兼務。映画やキャラクターなど
の作品型コンテンツのマーケティングが専門。日本マーケティング・
サイエンス学会、日本消費者行動研究学会、観光情報学会所属。

OMUP

大阪公立大学出版会（OMUP）とは
本出版会は、大阪の5公立大学－大阪市立大学、大阪府立大学、大阪女子大学、大阪府立看護大学、大阪府立看護大学医療技術短期大学部－の教授を中心に2001年に設立された大阪公立大学共同出版会を母体としています。2005年に大阪府立の4大学が統合されたことにより、公立大学は大阪府立大学と大阪市立大学のみになり、2022年にその両大学が統合され、大阪公立大学となりました。これを機に、本出版会は大阪公立大学出版会（Osaka Metropolitan University Press「略称：OMUP」）と名称を改め、現在に至っています。なお、本出版会は、2006年から特定非営利活動法人（NPO）として活動しています。

About Osaka Metropolitan University Press (OMUP)
Osaka Metropolitan University Press was originally named Osaka Municipal Universities Press and was founded in 2001 by professors from Osaka City University, Osaka Prefecture University, Osaka Women's University, Osaka Prefectural College of Nursing, and Osaka Prefectural Medical Technology College. Four of these universities later merged in 2005, and a further merger with Osaka City University in 2022 resulted in the newly-established Osaka Metropolitan University. On this occasion, Osaka Municipal Universities Press was renamed to Osaka Metropolitan University Press (OMUP). OMUP has been recognized as a Non-Profit Organization (NPO) since 2006.

コンテンツの、コンテンツによる、コンテンツのためのマーケティング
―映画・アニメ・キャラクター分析事例―

2023年2月4日　初版第1刷発行

　　著　者　　辻本　法子、田口　順等、野澤　智行、荒木　長照
　　発行者　　八木　孝司
　　発行所　　大阪公立大学出版会（OMUP）
　　　　　　　〒599-8531　大阪府堺市中区学園町1－1
　　　　　　　大阪公立大学内
　　　　　　　TEL　072(251)6533
　　　　　　　FAX　072(254)9539
　　印刷所　　石川特殊特急製本株式会社